课本里的作家

课本里的作家

美丽的足迹

陈慧瑛／著

山东教育出版社
·济南·

图书在版编目（CIP）数据

美丽的足迹 / 陈慧瑛著 . — 济南 : 山东教育出版
社 , 2023.1（2023.3 重印）
（爱阅读·课本里的作家）
ISBN 978-7-5701-2470-1

Ⅰ . ①美… Ⅱ . ①陈… Ⅲ . ①阅读课—小学—教学参
考资料 Ⅳ . ①G624.233

中国版本图书馆 CIP 数据核字（2022）第 255220 号

MEILI DE ZUJI

美丽的足迹

陈慧瑛　著

主管单位：山东出版传媒股份有限公司
出版发行：山东教育出版社
　　　　　地址：济南市市中区二环南路 2066 号 4 区 1 号　邮编：250003
　　　　　电话：（0531）82092600　　　　　网址：www.sjs.com.cn
印　　刷：天津泰宇印务有限公司
版　　次：2023 年 1 月第 1 版
印　　次：2023 年 3 月第 2 次印刷
开　　本：700 mm × 1000 mm　1/16
印　　张：12
字　　数：145 千
定　　价：35.80 元

（如印装质量有问题，请与印刷厂联系调换）
印厂电话：022-29649190

　　一九二六年秋天，正是鹭岛秀菊临风、丹桂飘香、二度凤凰花盛开的季节。一艘来自黄浦滩头的客轮，缓缓、缓缓地驶近厦门港。

一朵清丽的野菊——郭风剪影

那是在我九岁的时候，一个夏天的傍晚，我坐在院子里的丁香花下，小青蚊在头顶嘤嘤地唱着歌，我着迷地读着《豌豆的小床》《痴想》……

我和同伴，随着大河般的人流，沿秋阳下漫漫的长城古道，涌向飘浮在白云间的烽火台！人群里，有鬓发如雪的古稀老汉，有手扶拐杖的小脚大娘，有活泼的"红领巾"，有神气的大学生，有欢度蜜月的幸福伉俪，有风尘仆仆的外省旅客，有碧眼黄发的异国朋友，有浓妆艳服的海外归侨……

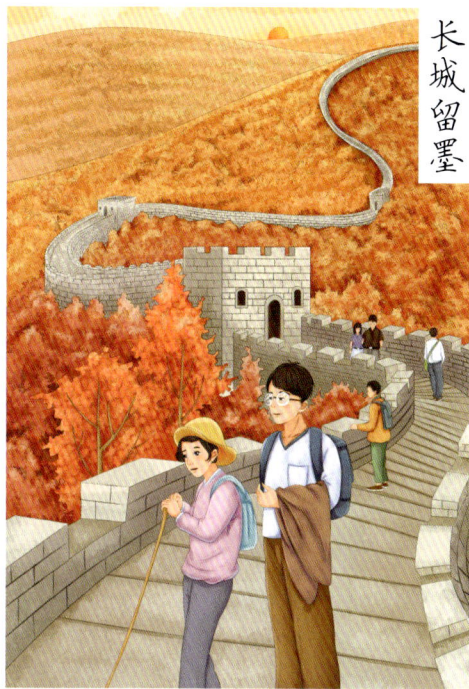

长城留墨

难忘三亚

当汽车缓缓地沿海岸线返回三亚市区，我看见一对黎家儿女，正款款地沿着椰叶婆娑的小路，向白玉一般的海滩走去。晚潮，轻轻地唱起动人的夜歌……

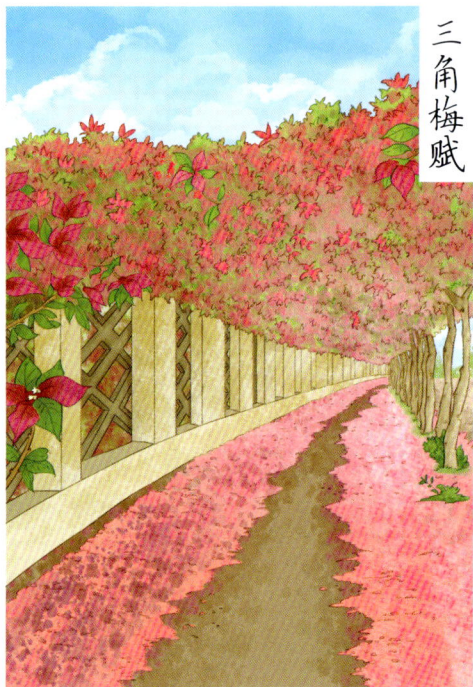

三角梅赋

你看吧，她衬着水灵的绿叶，百朵千朵地、散散漫漫地开了，袅袅婷婷地开了，沸沸扬扬地开了。像蓝天里的一片流霞飘来，漫住了碧汪汪的水畔山腰；留下了一串串轻盈的笑。

古色古香的南音

四周白发翁媪、青头少年、大嫂小姑，听着听着，一个个会忍不住按拍唱和起来……

总序

北京书香文雅图书文化有限公司的李继勇先生与我联系，说他们策划了一套《爱阅读·课本里的作家》丛书，读者对象主要是中小学生，可以作为学生的课外阅读用书，希望我写篇序。作为一名语文教育工作者，在中共中央办公厅、国务院办公厅印发《关于进一步减轻义务教育阶段学生作业负担和校外培训负担的意见》（以下简称"双减"）的大背景下，为学生推荐这套优秀课外读物责无旁贷，也更有意义。

一、"双减"以后怎么办？

"双减"政策对义务教育阶段学生的作业和校外培训作出严格规定。我认为这是一件好事。曾几何时，我们的中小学生作业负担重，不少学生不是在各种各样的培训班里，就是在去培训班的路上。学生"学"无宁日，备尝艰辛；家长们焦虑不安，苦不堪言。校外培训机构为了增强吸引力，到处挖掘优秀教师资源，有些老师受利益驱使，不能安心从教。他们的行为破坏了教育生态，违背了教育规律，严重影响了我国教育改革发展。教育是什么？教育是唤醒，是点燃，是激发。而校外培训的噱头仅仅是提高考试成绩，让学生在中高考中占得先机。他们的广告词是"提高一分，干掉千人"，大肆渲染"分数为王"，在这种压力之下，学生面对的是"分萧萧兮题海寒"，不得不深陷题海，机械刷题。假如只有一部分学生上培训班，提高的可能是分数。但是，如果大多数学生或者所有学生都去上培训班，那提高的就不是分数，而只是分数线。教育的根本任务是立德树人，是培根铸魂，是启智增慧，是让学生的德智体美劳全面发展，是培养社会主义建设者和接班人，是为中华民族伟大复兴提供人才，而不是培养只会考试的"机器"，更不能被资本所"绑架"。所以中央才"出重拳""放实招"，目的就是要减轻学生过重的课业负担，减轻家长过重的经济和精神负担。

"双减"政策出台后，学生们一片欢呼，再也不用在各种培训班之间来回奔波了，但家长产生了新的焦虑：孩子学习成绩怎么办？而对学校老师来说，这是一个新挑战、新任务，当然也是新机遇。学生在校时间增加，要求老师提升教学水平，科学合理布置作业，同时开展课外延伸服务，事实上是老师陪伴学生的时间增加了。这部分在校时间怎么安排？如何让学生利用好课外时间？这一切考验着老师们的智慧。而开展各种课外活动正好可以解决这个难题。比如：热爱人文的，可以开展阅读写作、演讲辩论，学习传统文化和民风民俗等社团活动；喜爱数理的，可以组织科普科幻、实验研究、统计测量、天文观测等兴趣小组；也可以开展体育比赛、艺术体验（音乐、美术、书法、戏剧……）和劳动教育等实践活动。当然，所有的活动都应以培养学生的兴趣爱好为目的，以自愿参加为前提。学校开展课后服务，可以多方面拓展资源，比如博物馆、图书馆、科技馆、陈列馆、少年宫、青少年活动中心，甚至校外培训机构的优质服务资源，还可组织征文比赛、志愿服务、社会调查等，助力学生全面发展。

二、课外阅读新机遇

近年来，新课标、新教材、新高考成为语文教育改革的热词。我曾经看到一个视频，说语文在中高考中的地位提高了，难度也加大了。这种说法有一定道理，但并不准确。说它有一定道理，是因为语文能力主要指一个人的阅读和写作能力，而阅读和写作能力又是一个人综合素养的体现。语文能力强，有助于学习别的学科。比如数学、物理中的应用题，如果阅读能力上不去，读不懂题干，便不能准确把握解题要领，也就没法准确答题；英语中的英译汉、汉译英题更是考查学生的语言表达能力；历史题和政治题往往是给一段材料，让学生去分析、判断，得出结论，并表述自己的观点或看法。从这点来说，语文在中高考中的地位提高有一定道理。说它不准确，有两个方面的理由：一是语文学科本来就重要，不是现在才变得重要，之所以产生这种错觉，是因为在应试教育的背景下，语文的重要性被弱化了；二是语文考试的难度并没有增加，增加的只是阅读思维的宽度和广度，考查的是阅读理解、信息筛选、应用写作、语言表达、批判性思维、辩证思维等关键能力。可以说，真正的素质教育必须重视语文，因为语文是工具，是基础。不少家长和教师认为课外阅读浪费学习时间，这主要是教育观念问题。他们之所以有这种想法，无非是认为考试才是最终目的，希望孩子可以把更多时间用在刷题上。他们只看到课标和教材的变化，以为考试还是过去那一套，其实，考试评价已发生深刻变革。目前，考试评价改革与新课标、新教材改革是同向同行的，都是围绕立德树人做文章。中共中央、国务院印发的《深化新时代教育评价改革总体方案》明确指出："稳步推进中高考改革，构建引导学生德智体美劳全面发展的考试内容体系，改变相对固化的试题形式，增强试题开放性，减少死记硬背和'机械刷题'现象。"显然就是要用中高考"指挥棒"引领素质教育。新高考招生录取强调"两依据，一参考"，即以高考成绩和高中学业水平考试成绩为依据，以综合素质评价为参考。这也就是说，高考成绩不再是高校选拔新生的唯一标准，不只看谁考的分数高，而是看谁更有发展潜力、更有创造性，综合素质更高，从而实现由"招分"向"招人"的转变。而这绝不是仅凭一张高考试卷能够区分出来的，"机械刷题"无助于全面发展，必须在课内学习的基础上，辅之以内容广泛的课外阅读，才能全面提高综合素养。

三、"爱阅读"助力成长

这套《爱阅读·课本里的作家》丛书是为中小学生读者量身打造的，符合《义务教育语文课程标准》倡导的"好读书、读好书、读整本的书"的课改理念，可以作为学生课内学习的有益补充。我一向认为，要学好语文，一要读好三本书，二要写好两篇文，三要养成四个好习惯。三本书指"有字之书""无字之书""心灵之书"，两篇文指"规矩文"和"放胆文"，四个好习惯指享受阅读的习惯、善于思考的习惯、乐于表达的习惯和自主学习的习惯。古人说"读万卷书，行万里路"，实际上就是要处理好读书与实践的关系。对于中小学生来说，读书首先是读好"有字之书"。"有字之书"，有课本，有课外自读课本，还有"爱阅读"这样的课外读物。读书时我们不能眉毛胡子一把抓，要区分不同的书，采取不同的读法。一般说来，读法有精读，有略读。精读需要字斟句酌，需要咬文嚼字，但费时费力。当然也不是所有的书都需要精读，可以根据自己的需要决定精读还是略读。新课标提倡中小学生进行整本书阅读，但是学生往往不能耐着性子读完一整本书。新课标提倡的整本书阅读，主要是针对过去的单篇教学来说的，并不是说每本书都要从头读到尾。教材设计的练习项目也是有弹性的、可选择的，不可能有统一的"阅读计划"。我的建议是，整本书阅读应把精读、略读与浏览结合起来，精读重在示范，略读重在博览，浏览略观大意即可，三者相辅相成，不宜偏于一隅。不仅如此，学生还可以把阅读与写作、读书与实践、课内与课外结合起来。整本书阅读重在掌握阅读方法，拓展阅读视野，培养读书兴趣，养成阅读习惯。

再说写好两篇文。学生读得多了，素养提高了，自然有话想说，有自己的观点和看法要发表。发表的形式可以是口头的，也可以是书面的，书面表达就是写作。写好两篇文，一篇规矩文，一篇放胆文。规矩文重打基础，放胆文更见才气。规矩文要求练好写作基本功，包括审题、立意、选材、构思等，同时还要掌握记叙文、议论文、说明文、应用文的基本要领和写作规范。规矩文的写作要在教师的指导下进行。放胆文则鼓励学生放飞自我、大胆想象，各呈创意、各展所长，尤其是展现自己的写作能力、语言表达能力、批判性思维能力和辩证思维能力。放胆文的写作可以多种多样，除了大作文，也可以写小作文。有兴趣的学生还可以进行文学创作，写诗歌、小说、散文、剧本等。

学习语文还要养成四个好习惯。第一，享受阅读的习惯。爱阅读非常重要，每个同学都应该有自己的个性化书单。有的同学喜欢网络小说也没有关系，但需要防止沉迷其中，钻进"死胡同"。这套《爱阅读·课本里的作家》丛书，给中小学生课外阅读提供了大量古今中外的名家名作。第二，善于思考的习惯。在这个大众创业、万众创新的时代，创新人才的标准，已不再是把已有的知识烂熟于心，而是能够独立思考，敢于质疑，能够自己去发现问题、提出问题和解决问题，需要具有探究质疑能力、独立思考能力、批判性思维和辩证思维能力。第三，乐于表达的习惯。表达的乐趣在于说或写的过程，这个过程比说得好、写得完美更重要。写作形式可以不拘一格，比如作文、日记、笔记、随笔、漫画等。第四，自主学习的习惯。我的地盘我做主，我的语文我做主。不是为老师学，也不是为父母长辈学，而是为自己的精神成长学，为自己的未来学。

愿广大中小学生能借助这套《爱阅读·课本里的作家》丛书，真正爱上阅读，插上想象的翅膀，飞向未来的广阔天地！

目录

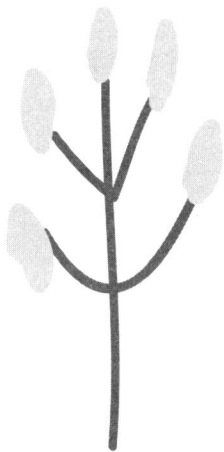

我爱读课文

梅花魂 / 2

　　读前导航 / 2

　　精彩赏读 / 3

　　积累与表达 / 7

　　知识乐园 / 11

课本作家作品

　　祖　国 / 14

　　茶之死（外二篇）/ 17

　　海　色 / 18

　　煤之恋 / 20

　　太行妈妈 / 22

　　美丽的足迹

　　　　　　——鲁迅先生在厦门 / 25

　　我和冰心 / 37

　　一朵清丽的野菊

　　　　　　——郭风剪影 / 49

　　旧　邻 / 55

　　芳草天涯 / 58

武夷山写意 / 66

山水七题 / 71

迷人的诗魂

　　　　——绿岛赋 / 76

长城留墨 / 80

江州行 / 85

吐鲁番的月亮 / 89

难忘三亚 / 97

麦哲伦岛游踪 / 102

星洲如梦 / 107

狮城琐记 / 115

卡拉奇风姿 / 118

家 / 127

三角梅赋 / 128

古色古香的南音 / 130

竹叶三君 / 133

梦里的美丽乡愁

　　　　——山重村诗韵 / 139

忘　归

　　　　—— 我来上清溪 / 147

美丽的香港 / 155

冰城之遇 / 170

赣北游思 / 175

梦见了泰戈尔 / 179

夏　天 / 181

秋 / 182

小楼春雨 / 183

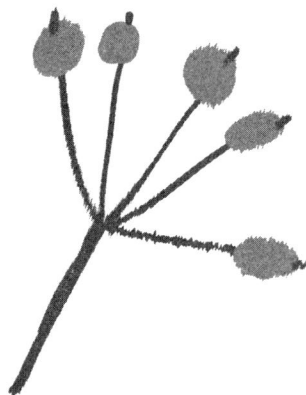

我爱读课文

原文赏读

梅花魂

体　　裁： 散文

作　　者： 陈慧瑛

创作时间： 当代

作品出处： 部编版语文五年级（下册）

内容简介： 本文以梅花为线索，引出了对挚爱梅花的外祖父的回忆，借梅花表达了外祖父思念家乡、眷恋祖国的深情。

/////////////////// 读前导航 ///////////////////////////

阅读准备

　　陈慧瑛不仅是一名作家，而且还是一位归国华侨，因为她有国外生活的经历，所以她对"祖国"两个字的理解比别人更为深刻。因此，爱国、思乡、怀念亲人成为她作品的主基调。她的笔下多是描写祖国的大好河山、家乡的一砖一瓦，细腻清丽的笔法表达了真挚的爱国情怀，真切歌颂了人间的美景挚情，体现了作者对真善美的颂扬和追求。著名作家冰心对她的作品非常喜欢，说陈慧瑛的文章抒情中都有叙事，风格独特，希望她一直保持自己的风格。

目标我知道

学习目标	会写"泊、孙、秀、珍、眷"等生字 会认"葬、腮、虬、玷、郑、秉"等生字 读准多音字"折、骨"
学习重点	有感情地朗读课文,体会梅花的品格和外祖父的情感 自读课文,找出课文中写了关于外祖父的哪几件事,表达了外祖父怎样的感情
学习难点	联系课文,理解"梅花魂"的含义,体会外祖父对梅花品格的赞叹和寄托的爱国情

////////// 精彩赏读 //////////

课本原文

梅花魂

① 故乡的梅花又开了。一年一度,那朵朵冷艳、缕缕幽芳的梅花,总让我想起漂泊他乡、葬身异国的外祖父。

【第一部分(①段):写故乡的梅花总能使"我"想起漂泊他乡、葬身异国的外祖父。】

② 我出生在东南亚的星岛,从小和外祖父生活在

【冷艳】
形容花耐寒而美丽或形容女性冷傲而美艳。

【漂泊】
比喻居无定所,四处流浪。

一起。外祖父年轻时读了不少经、史、诗、词，又能书善画，在星岛文坛颇负盛名。我很小的时候，外祖父常常抱着我，坐在梨花木大交椅上，一遍又一遍、不厌其烦地教我读唐诗宋词。每当读到"独在异乡为异客，每逢佳节倍思亲""春草明年绿，王孙归不归""自在飞花轻似梦，无边丝雨细如愁"之类的句子，常会有一颗两颗冰凉的泪珠落在我的腮边、手背。这时候，我会拍着手笑起来："外公哭了！外公哭了！"[1] 老人总是摇摇头，长长地叹一口气，说："莺儿，你还小呢，不懂！"

③外祖父家中有不少古玩，我偶尔摆弄，老人也不甚在意。唯独书房里那一幅老干虬枝的墨梅图，他分外爱惜，家人碰也碰不得。我五岁那年，有一回到书房玩耍，不小心在上面留了个脏手印，外祖父顿时拉下脸来。有生以来，我第一次听到他训斥我母亲："孩子要管教好，这清白的梅花，是能玷污的吗？"训罢，便用刀片轻轻刮去污迹，又用细绸子慢慢抹净。看见慈祥的外祖父大发脾气，我心里又害怕又奇怪：一幅画而已，有什么稀罕的呢？

④有一天，母亲忽然跟我说："莺儿，我们要回中国去！"

⑤"干吗要回去呢？"

⑥"那儿才是我们的祖国啊！"

⑦哦！祖国，就是那拥有长江、黄河、万里长城的地方吗？我欢呼起来，小小的心充满了欢乐。

⑧可是，我马上想起了外祖父，我亲爱的外祖父。

[1] 文中第一次写外祖父流泪。外祖父因读到思乡的诗词，勾起了对家乡、亲人的怀念。

【不甚在意】不太在意。

【玷污】弄脏；使有污点（多用于比喻）。

我问母亲："外公走吗？"

⑨"外公年纪太大了……"

⑩我跑进外祖父的书房，老人正躺在藤椅上。我说："外公，您也回祖国去吧！"

⑪想不到外祖父竟像小孩子一样，呜呜呜地哭了起来……[1]

⑫离别的前一天早上，外祖父早早地起了床，把我叫到书房里，郑重地递给我一卷白杭绸包着的东西。我打开一看，原来是那幅墨梅图，就说："外公，这不是您最宝贵的画吗？"

⑬"是啊，莺儿，你要好好保存！这梅花，是我们中国最有名的花。旁的花，大抵是春暖才开花。她却不一样，愈是寒冷，愈是风欺雪压，花开得愈精神，愈秀气。她是最有品格、最有灵魂、最有骨气的！几千年来，我们中华民族出了许多有气节的人物，他们不管历经多少磨难，不管受到怎样的欺凌，从来都是顶天立地，不肯低头折节。他们就像这梅花一样。一个中国人，无论在怎样的境遇里，总要有梅花的秉性才好！"

⑭回国的那一天正是元旦，虽然热带是无所谓隆冬的，但腊月天气，毕竟也凉飕飕的。外祖父把我们送到码头。风撩乱了老人平日梳理得整整齐齐的银发，我觉得外祖父一下子衰老了许多。

⑮船快开了，母亲只好狠下心来，拉着我登上大客轮。想不到眼含泪水[2]的外祖父也随着上了船，递给我一块手绢——雪白的细亚麻布上绣着血色的

[1] 文中第二次写外祖父流泪。外祖父因不能回国，内心痛楚而流泪。

【杭绸】杭州一带出产的丝绸，很珍贵。

【大抵】大概；大都。

【骨气】刚强不屈的气概。

[2] 文中第三次写外祖父流泪。外祖父再次因不能回国，内心痛楚而流泪。三次流泪都表现了外祖父对祖国、对故土的思念和眷恋。

梅花。

【第二部分（②—⑮段）：通过"我"回忆的关于外祖父的五件事，抒发了华侨老人对祖国的热爱和思念之情。】

⑯ 当年的我，还过于稚嫩，并不懂得，我带走的，岂止是我慈爱的外祖父珍藏的一幅丹青、几朵血梅？我带走的，是身在异国的华侨老人一颗眷恋祖国的赤子心啊！

【春恋】（对自己喜爱的人或事物）深切地留恋。

【第三部分（⑯段）照应开头，由墨梅图和手绢联想到外祖父的爱国心，既表现了外祖父对祖国的眷恋，也赞扬了华侨的爱国精神。】

作品赏析

这篇课文在写作上主要表现出三个特点：

1. 借物喻人。课文中多次写到梅花，借梅花表明心迹，并用拟人的手法描写梅花的高贵品质，体现了作者对这种高贵品质的追求，抒发了外祖父想念家乡、眷恋祖国的情感，同时赞扬了中国人坚贞不屈、顶天立地的精神。

2. 采用了倒叙的描述手法，设置悬念，增强了文章的艺术效果。

3. 首尾呼应。开头写看见梅花，闻到梅花的幽芳，总是想起"漂泊他乡、葬身异国的外祖父"；结尾写每次看到墨梅图和绣着血色梅花的手绢，就想到"身在异国的华侨老人一颗眷恋祖国的赤子心"。这样首尾呼应，使文章结构严谨，内容清楚。

//////////////////// 积累与表达 ////////////////////

字词我来记

会写的字

bó	部首	笔画	结构	造字	组词
泊	氵	8	左右	形声	停泊 淡泊
	辨字	伯（伯父） 柏（柏树） 拍（拍手）			
字义	1.船靠岸；停船。2.恬静。				
造句	那艘巨轮最终会在哪里停泊呢？				

sūn	部首	笔画	结构	造字	组词
孙	子	6	左右	会意	子孙 外孙
	辨字	孩（小孩） 孔（孔子 孔雀） 逊（出言不逊）			
字义	1.孙子。2.孙子以后的各代。3.和孙子同辈的亲属。				
造句	那位老爷爷的外孙已经上大学了。				

xiù	部首	笔画	结构	造字	组词
秀	禾	7	上下	会意	山清水秀 优秀
	辨字	季（雨季） 秃（光秃秃） 委（委屈）			
字义	1.清秀。2.优异的人才。3.植物抽穗开花（多指庄稼）。				
造句	我们的祖国山清水秀，地大物博。				

zhēn	部首	笔画	结构	造字	组词
珍	王	9	左右	形声	珍贵 如数家珍
	辨字	诊（诊治） 疹（疹子） 趁（趁机）			
字义	1.贵重的，宝贵的。2.宝贵的东西。3.看重。				
造句	我们一定要珍惜现在的学习机会。				

juàn	部首	笔画	结构	造字	组词
眷	目	11	上下	形声	眷顾 亲眷
	辨字	誉（荣誉）　誊（誊写）　春（春意盎然）			
字义	1.关心；怀念。2.亲属。				
造句	机会往往眷顾那些有准备的人。				

会认的字

zàng	组词
葬	葬礼 埋葬

sāi	组词
腮	腮红 腮颊

qiú	组词
虬	虬枝 虬须

diàn	组词
玷	玷污 玷辱

zhèng	组词
郑	郑重 郑重其事

bǐng	组词
秉	秉笔直书 秉公执法

多音字

折 ┌ zhé（折断）（折服）
　├ shé（折本）（枝折花落）
　└ zhē（折腾）（折跟头）

辨析：花枝被弄折（shé），折（zhē）腾不停歇。

买卖折（shé）了本，接连受挫折（zhé）。

骨 ┌ gǔ（骨气）（骨干）
　└ gū（骨碌碌）（花骨朵儿）

辨析：在"骨朵儿、骨碌"中读gū，其他情况一般读gǔ，如风骨、骨瘦如柴、粉身碎骨等。

近义词

稀罕—稀奇　　郑重—庄重　　骨气—气节

欺凌—欺辱　　颇负盛名—享有盛誉

反义词

漂泊—定居　　偶尔—经常　　稀罕—平常

郑重—随便

日积月累

1.这梅花，是我们中国最有名的花。旁的花，大抵是春暖才开花。她却不一样，愈是寒冷，愈是风欺雪压，花开得愈精神，愈秀气。她是最有品格、最有灵魂、最有骨气的！

2.几千年来，我们中华民族出了许多有气节的人物，他们不管历经多少磨难，不管受到怎样的欺凌，从来都是顶天立地，不肯低头折节。他们就像这梅花一样。

3.一个中国人，无论在怎样的境遇里，总要有梅花的秉性才好！

4.独在异乡为异客，每逢佳节倍思亲。——[唐]王维《九月九日忆山东兄弟》

5.春草明年绿，王孙归不归。——[唐]王维《山中送别》

6.自在飞花轻似梦，无边丝雨细如愁。——[宋]秦观《浣溪沙》

读后感想

读《梅花魂》有感

梅花是中华民族精神的象征，它那不畏严寒的坚强品格历来为人们所称颂。学完《梅花魂》这篇课文，我对梅花精神产生了更深刻的理解。

本文作者出生在东南亚星岛，从小和外祖父生活在一起。外祖父平生最爱梅花。在他的眼中，梅花代表了中华民族的气节和中国人的秉性。多年过去了，每当作者看到梅花，便会想起身在异乡的外祖父和外祖父那颗眷恋祖国的心。

这篇课文以梅花为主线，贯穿全文，不仅揭示了"梅花魂"的含义，也揭示了一位老华侨的爱国情怀。一位老人，漂泊海外，日夜心系祖国，不能回到祖国感受美丽的大好河山，不能亲自走一走那蕴含着浓情的乡土，这是多么遗憾的一件事！尽管如此，老人对祖国的眷恋之情依旧深沉且执着，不因岁月而改变。作者回国送别时，外祖父将他宝贵的墨梅图和绣着血色梅花的手绢送给作者，除了表达自己对祖国的眷恋外，更是希望作者能向梅花学习，做一个有气节的中国人。我们也要像梅花一样，做一个有品格、有灵魂、有骨气的人，不管历经多少风雨也要保持坚定的信念和奋发向上的精神。

"一个中国人，无论在怎样境遇里，总要有梅花的秉性才好！"

精彩语句

1. 梅花是中华民族精神的象征，它那不畏严寒的坚强品格历来为人们所称颂。

文章开头介绍了梅花的品格和精神象征，来颂扬像梅花一样有气节的中国人，点明主题。

2. 一个中国人，无论在怎样境遇里，总要有梅花的秉性才好！

赞美了中国人的特点：不管历经多少磨难，不管受到怎样的欺凌，从来都是顶天立地，不肯低头折节。

妙笔生花

读过陈慧瑛女士的《梅花魂》，你对梅花又有怎样的认识呢？

不妨动动笔，写一写你的感想！

_____

_____

_____

_____

_____

_____

////////////////////// 知识乐园 //////////////////////

一、给下面带点的字选择正确的读音。

眷恋（quàn juàn）　　厦门（xià shà）　　玷污（diàn zhān）

颇多（pō　pǒ）　　分外（fēn fèn）　　颇负盛名（pō pē）

二、比一比，再组词。

泊（　　）　　孙（　　）　　秀（　　）　　珍（　　）
泪（　　）　　孔（　　）　　季（　　）　　诊（　　）

三、选词填空。

珍藏　　收藏

1.爷爷取出（　　　　）已久的仕女图，指出上面的仕女，无限怀念地说，这就是你奶奶当年的样子。

2.爸爸（　　　）了很多瓷器，时常在灯下欣赏。

品格　　风格

3.梅花的（　　　）最令人崇拜了，勇敢、高洁、乐观。

4.小明绘画的（　　　）与导师的十分相似，有其师必有其徒。

四、写出三句带有"梅"或"梅花"的诗句。

1.＿＿＿＿＿＿＿＿＿＿＿＿＿＿＿＿＿＿＿＿＿＿

2.＿＿＿＿＿＿＿＿＿＿＿＿＿＿＿＿＿＿＿＿＿＿

3.＿＿＿＿＿＿＿＿＿＿＿＿＿＿＿＿＿＿＿＿＿＿

五、梅花开在寒冷的冬季。试着从自然界中植物的角度，来介绍一下梅花吧！要从哪些方面来介绍呢？先好好观察观察吧！

＿＿＿＿＿＿＿＿＿＿＿＿＿＿＿＿＿＿＿＿＿＿＿＿＿＿

＿＿＿＿＿＿＿＿＿＿＿＿＿＿＿＿＿＿＿＿＿＿＿＿＿＿

＿＿＿＿＿＿＿＿＿＿＿＿＿＿＿＿＿＿＿＿＿＿＿＿＿＿

＿＿＿＿＿＿＿＿＿＿＿＿＿＿＿＿＿＿＿＿＿＿＿＿＿＿

＿＿＿＿＿＿＿＿＿＿＿＿＿＿＿＿＿＿＿＿＿＿＿＿＿＿

＿＿＿＿＿＿＿＿＿＿＿＿＿＿＿＿＿＿＿＿＿＿＿＿＿＿

＿＿＿＿＿＿＿＿＿＿＿＿＿＿＿＿＿＿＿＿＿＿＿＿＿＿

课本作家作品

自主阅读

祖 国

对于我，祖国不是虚幻的概念。

一

我回来了——

只是为了一把泥土，一把来自唐山的、带着故乡青草气息的泥土，诱发了我无尽的相思和泪滴——有如青梅竹马时光的爱与被爱默契的、永生难忘的坚贞呵！

我回来了——

只是为了一把泥土，一把世世代代华夏祖先遗落的血脉骨殖的泥土，萌起了我回归的"野性"和冲动——那胎儿依恋母体的亘古不移的温情呵！

我回来了——

抛弃了繁华的世界、葳蕤的田园，抛弃了无名指可以戴上钻石、颈项上可以挂满珍珠的美丽和风光，甚至忍心割舍双亲潸潸的老泪和异国多情的小小的儿郎……只是为了呵——那梦寐向往的祖国！

我回来了——

舍弃了一切，换回的只是头顶的一片蓝天、脚底的一抔热土！

然而，我终不悔——因为呵，从此而后，生生死死，整个祖国都属于我，我也属于整个祖国！

二

我曾经迎着月光，跋涉在茫茫的戈壁滩，看柔软的流沙金子般地漫向天边。那时，我忍不住热烈地呼喊："啊，祖国，您是多么辽阔浩瀚！"

我曾经徜徉在古长安灞陵道上，看千秋杨柳如梦如烟。遥想当年的秦皇汉武，心里自然而然涌起一种本能的骄傲——啊，祖国，文明、古老的祖国！

我曾经乘坐"罐子车"，深入兴凯湖畔七百米以下的地层，看亮闪闪的乌金，脉脉含情地等待着前来采掘的知己。我会情不自禁地赞美："啊，祖国，富饶深沉的祖国！"

我领略过鹿回头海湾那醉人的黎明——多美啊，每一棵亭亭的翠绿的椰树上，都顶着一轮红艳艳的太阳！我曾苦于形容词的贫乏——啊，祖国，您是多么灿烂辉煌！

我也曾在静夜里独坐在乌苏里江岸，一边聆听优美动人的赫哲族船歌，一边瞭望对岸苏联伊曼市稀疏的灯光……不知为什么，我会这样想：多么温柔、多么威武啊，我的祖国！

…………

啊，祖国，一切美好的，分开是您，聚合起来还是您——

您在我心中，是怎样的单纯而复杂，是怎样的朴素而瑰丽，是怎样的抽象而具体哟！

三

并不是每一颗心，都流淌热血；并不是每一个灵魂，都寻求谅解。乌鸦亮嗓，算不得歌腔；竹笋拔节，会遇大石压顶；寒梅著花，常伴风雪冰霜——

每当想起生活中——和谐里蕴含着不和谐，我也曾因为忧烦彻夜难眠，我也会因为痛苦切齿扼腕……

然而，想起您呵祖国——您那万千的城镇乡村，万千的江河湖海，万千的馨花绿树，万千的丰功伟业，万千的志士仁人，万千的英雄豪杰……我那窄窄的心儿，便会豁然开朗——

啊，我的祖国，您用您的博大，抚慰了我！净化了我！开拓了我！造就了我！

不管世路多坎坷，我永远也不会堕落——

因为呵，我的心中，有一个活生生的、有血有肉的、亲爱的祖国！

一九八五年九月

茶之死（外二篇）

也有壮烈而缠绵的死吗？

有的，那便是茶之死。

当初，在青山上，在朝晖夕岚里，她是怎样一位幸运的女儿哟！莹绿的青春，妩媚的笑靥，自由，洒脱……

不也可以选择嫁与东风吗？她将舒坦平静地花开花谢，叶落归根……

可她却甘心把万般柔肠、一身春色，全献与人间。任掐、压、烘、揉，默默地忍受，从无怨尤。

在火烹水煎里，舒展蛾眉，含笑死去……

她的心中，不也有一滴苦涩的泪吗？这滴泪，却酿就了人世永存的甘甜清芬！

茶呵，海隅天涯，但有人迹处，何人不思君——

倘若你是黄叶飘零、空山寂寞的死，谁会记取你的芳名？

海 色

凡是涉过青春之河的人们,谁没惹过一朵两朵恼人的相思浪花?谁没留下一星半点悱恻的生命潮水……

我的可爱的斑纹贝哟!

那一夜,月光滴银,秋风在棕榈树梢轻盈地唱着歌。

你说,在南洋的什么岛上,得到一枚珍贵的蓝贝,带在身上多年了,真像一位知心朋友。它使你怀念热带的海,还有海一般迷人的少年生活……

人家都说,你的眸子,有一缕动人的柔蓝——你的心灵之窗,永恒地孕着一片海色……

地角天涯,湖海有黑海、黄海、红海、青海之称,海色呢,一色的只有蔚蓝;

世态炎凉,人情有冷色、热色之分,你呢,但愿永远只有正派的海色。

天下颜色千万般,博大、光明、永不变易的海色最难忘。

我这海贝,多像你的瞳仁……

说着,你把那蓝色斑纹贝悄悄塞给我。

月圆,月缺。

如水的年华就在这圆缺不停的循环中流逝……

一天，你微笑地看着我："历尽劫波，你眼中的海色依旧！"

我也笑了："蓝贝健在，还给你吧！"

"不必了！那是我青春岁月里的一章华彩乐……留下它吧——那一段美丽的情思，那一抹神圣的海色！"

一九八三年三月发表于《人民文学》

煤之恋

或许，那只是一次偶然的失误——一次意想不到的地壳冲突，从此，我的绕满常青藤和三色堇的绿色的、亭亭玉立的生命，便在山村里消失……青春和爱情，从此埋入深深的地底……

也曾有过万千回的挣扎；

也曾有过千百次的呼喊；

地老天荒，光阴无情，亿万年过去，我那一度美丽的生机，早已无人记取……

岁月的风风雨雨，也已叫我面目全非。

只有那一段未了的痴情，难以割舍，只有那一颗灼热的心，始终如一！

我等待着，等待着，苦苦地等待着——

倘若他有明潮暗汐的忠诚，

倘若他有大海环绕青山的专一，

我呢，纵使粉身碎骨，也甘心以身相许……

有一天，他终于来了。跨过曲折漫长的历史之河，迎着我来了！

"我取了天火，来举行婚礼！"相逢的那一刻，他高高举起矿灯，热切地说。

过于浓烈的欢喜，使我流下了沉甸甸的黑色的泪滴！虽然，为了那片刻的恩爱，我必须像陨星，燃烧了自己。

然而，我死而无怨，那一瞬的相聚，对于我便是青春和爱的复活，便是生命的最后归依！

……

煤和矿工，两颗忠贞不渝的心，紧紧地连在一起。煤燃烧了自己，化作了烛照人世的光明！

二〇〇六年刊登于《中国散文诗年度选集》

太行妈妈

有如一朵飘流的云,永远地逝去了——我栖身于太行山的岁月!

可太行的山川人事,留给我的记忆,却像埋在地下经年的汾酒,历久弥醇……

当我怀着玫瑰色的憧憬迈出高校大门,在人生起步时,便一脚踏进了太行山。

雄奇粗犷的太行,她向我——一个南国的海的女儿,袒露了母亲宽阔仁厚的胸膛!

我从风雪上党城头,跋涉了三十多里崎岖陡峭的山间羊肠小径,到达太行山之巅的青柏村,已是掌灯时分。

早春二月,巍巍太行峰峰披素、岭岭白头。倾珠坠玉的大雪把千山万壑打扮成了童话世界。天地茫茫,只有星星点点的窑洞灯光,像太行老人扑朔迷离的眼睛,注视着远道而来的游子……

此刻,壮丽的北国关山,又怎能诱发起我的美感!在这严寒而陌生的世界,一颗孤独的心所咀嚼的,是那难言的苦味……

就在这时,一位银发萧萧、步履刚健、身板硬朗的老大娘,急匆匆地跨进大队部,一把抢过我的行李,操着地道的晋东南土话,笑呵呵地招呼我:“闺女,快跟俺回吧,可别冻坏了!”

我不由自主地跟在大娘身后，来到她家——也是从此以后我安身多年的家！

那是太行山村极普通的一眼窑洞。大约年月久远了，烟熏火燎，窑顶黑黝黝的。一盘黄泥抹成的土炕，一台傍炕而筑用来烧饭取暖的火灶，白麻纸糊就的窑门、窑窗已经发黄了，窑里见不到一片玻璃。

啊！这与我四季鸟语花香、一室窗明几净的南方海上花城的家，真有天壤之别；何况，家里还有嘘寒问暖、慈爱可亲的妈妈……我痴痴地木立窑洞口，进退不得。

大娘拿来一把扫炕笤帚，替我把浑身上下的落雪扫净，然后带我进窑，拉我上炕，端来一碗红糖姜汤："趁热喝下，把寒气赶跑，手脚就暖过来了！"

说着，自己便下了炕，噔噔噔地抱来一大把玉米花儿、红枣、核桃，放在炕上："这是咱山里人的零嘴儿，尝尝吧！"

我的身上和心里，渐渐有了暖意。

"闺女，多大啦？家在哪？家里还有些谁？"

当大娘知道二十岁的我离家万里、只身北来的时候，善良的老人眼圈红了："哟！咱这儿，只隔了道沟，还舍不得把姑娘嫁过去哩！明儿快给你娘捎个信去，叫老人别结记。到了俺这儿，就和在自家里一样！"

夜里，大娘为我擀了一大碗面条儿，守着我吃完它。后来我才知道，在那年头，山里人吃的大抵是高粱面、榆皮面，就是过新年和待贵客，也难得吃上一顿净白面。

夜深了，尖啸的北风打得窗纸忽喇喇一片声响。门外，大雪纷纷扬扬、无休无止地下着。大娘和我并排躺在炕上，自然而然地唠起了家常。

大娘告诉我，当年她是"妇救会"的主任，这盘炕上，小媳妇、大姑娘在这儿纳过军鞋，八路军子弟兵在这儿养过伤……我问大娘家里还有什么亲人。大娘顿了顿，才缓缓地说，二十五岁以上男人都过世了。两个儿子，老大是游击队员，丧生在日本鬼子的马刀下；老二是志愿军战士，牺牲在抗美援朝的战场上。如今就剩下她单身一人了……我听了，只觉得鼻子发酸，怕大娘伤心，便默不作声了。

麦草烧的炕，慢慢凉下来。我这南方人，一时实在适应不了北国高山的酷寒，不知过了多久，手脚依然冰冷，胃也阵阵作痛。我睁着眼，怎么也睡不着。大娘看来也没睡好，我听见她微微地叹息。

不知不觉地，我却进入甜甜的梦乡了。一觉醒来，便觉得浑身暖烘烘的，从脚底一直热到心窝——原来，大娘掉转身睡到炕的另一头，把我的双脚紧紧搂在她心口！

啊，太行山的母亲，我的北方的娘！您用丰富的乳汁，哺育了中华民族的一代优秀儿女；您用慈母的温情，融化了我心上的冰霜。

我忍不住流下了热泪。这泪，一半儿是愧疚——为自己，那过于渺小的个人命运的悲欢；一半儿是感激——为大娘，那感人肺腑的伟大母亲的情肠！

后来，我离开了太行，回到故乡。十来年间，由于工作需要，我又奔波江北江南。可是，走遍天涯，怎能相忘——我那太行山的娘！

美丽的足迹

——鲁迅先生在厦门

风光幽雅妩媚、景色如诗如画的白鹭之岛厦门，如今，前来拜谒她的明山秀水、领略她的侨乡风采和特区风情的海内外各界名流，真是车水马龙，络绎不绝。

然而，半个世纪以前，厦门却还是一个远处天涯海角、地僻人稀的孤岛。

那时候，我国文坛上的一颗伟大的将星——鲁迅先生，"为了暂避军阀官僚、'正人君子'们的迫害"，应厦门大学的聘请，来到这里。

从此，祖国的东南边陲，留下了这位伟人的一串光辉闪烁的、美丽的足迹……

长衫布鞋

一九二六年秋天，正是鹭岛秀菊临风、丹桂飘香、二度凤凰花盛开的季节。

一艘来自黄浦滩头的客轮，缓缓、缓缓地驶近厦门港。

飒飒西风里，鲁迅先生健步登上码头。他，一套长衫，一双布鞋。前来码头迎接他的厦门大学同行，都感到惊讶了——

作为一位名作家、名教授，曾经在东洋留过学，如今又来自大都市京华、上海的鲁迅，竟然如此朴素！

鲁迅先生跻身于一群西装革履、派头十足的"洋"教授之间，面对人们惊讶的目光，只是淡淡一笑。

二十世纪二十年代的厦门，还没开马路，连黄包车也没有。从厦门大学到市区，必须翻越过蜂巢山。山路崎岖难行，厦门大学的学者、教授出门，总是坐轿子。鲁迅先生偶尔上街入市，却总是步行，有时渡海到鼓浪屿去，乘坐的也是小舢板。

十月，一个上午，鲁迅先生来到厦门大学西厨房，他自我介绍："我是周树人（鲁迅先生原名）。"

炊事员们早就知道"周先生"是一位很有名望的大教授，可眼前的"周教授"，却穿着一件藏青色的长衫、一双黑布鞋，朴朴素素，随随便便，大家顿时感到分外亲切。

鲁迅先生很和气地和厨师闲聊着。

每天三餐饭都由炊事员陈传宗送到宿舍。鲁迅爱吃鱼，特别是油炸咖喱鱼。厨师们便变着花样给鲁迅先生做鱼吃。

鲁迅先生言谈风趣，喜欢和工友们开开玩笑。他听说陈传宗会拳术，便笑着说："你有拳脚，我来这里送饭，还可以得到你的保护啰！"

他为人随和，工友们都特别喜欢他。

鲁迅先生的卧室，在厦门大学集美楼的二楼上。房内，除了一张床、一条蓝底白花的粗布被子，就是书桌、藤椅、水缸和火油炉等，家具十分简单。陈传宗每次送饭去，总看见他伏在书桌上看书、写字。

鲁迅先生离开厦门时，依然是一套长衫、一双布鞋。陈传宗到船上为他送行，他倚在轮船的栏杆上，从笔记本上撕下一页纸，写着"浙江绍兴府人"。然后交给他说："有机会去绍兴，问我的名字，大家都知道。"

后来，陈传宗向人们谈起鲁迅先生时，总是赞不绝口："说实话，我从来没有见过像他这样生活简朴的大教授！"

海滨漫步

美丽的厦门港，远山含黛，近水柔蓝，飞鸥翔集，风樯点点，雪白的浪花，有如姑娘花裙上轻柔的镶边。金色的沙滩上，到处是五彩缤纷的贝壳：有的像百合花，有的像金字塔，有的像菱角，有的像刺莓，有的像珍珠、玛瑙、猫儿眼……

鲁迅先生在厦门大学任教期间，特别喜欢到海边来。他常常在夕阳西下的时候，边沿着海滨漫步，边捡贝壳，用双手捧着，带回他的宿舍。他常常因此想起自己的童年，想起他在《故乡》里描写过的朋友闰土……

有时候，刚刚黄昏，月亮就挂在天空上，"波面映出一大片银粼，闪烁摇动"，"碧玉一般的海水，看去仿佛很温柔"。此情此景，令鲁迅先生神往——他会因此久久伫立于海滨，不肯离去……

一天清晨，鲁迅先生信步厦港沙滩上，看见许多小船，吃水很重，扬帆向鼓浪屿驶去。当他向人打听——知道这是有人利用夜色作掩护，到海沙坡郑成功城墙下挖沙，运到鼓浪屿去卖给日本商人，他心情十分沉重，立即对厦门大学的同学说："这样挖下去，快要危及城基了！"

后来，有人把这个情况报告给警察厅，不久，便见厦门市警察厅贴了一份告示："禁止挖沙，违者严办！"

从此，再没有人到海沙坡郑成功城墙下来挖沙了。

龙舌兰

厦门大学旁边，有一座海内外闻名的唐朝古庙——南普陀寺。寺里，繁花照眼、古树参天；寺后，五老峰飞丹流翠，挺拔奇秀。

一九二七年初春，鲁迅先生请了当时厦门市"中国照相馆"的老板郭水生，替他在南普陀拍一张照片。

郭老板问他往哪儿取景。他既不以飞檐斗拱、庄严壮丽的殿堂作背景，也不以临风婆娑、仙肌道骨的菩提为衬托，而是选择了南普陀西南小山岗上龙舌兰丛生的坟前，让郭老板给摄影留念。

鲁迅对龙舌兰这种亚热带作物，常常表示欣赏赞叹之情。他曾经对厦门大学的学生说："你们闽南人真可自豪。倘在北京，这种植物，靠着清朝皇帝的大力，也只能在所谓的'御苑'里，看见一两株。"

他的学生请教他："周老师，您为什么特别喜欢龙舌兰呢？"

鲁迅说，龙舌兰的特性有三：一是坚韧。龙舌兰的纤维不论打绳索，做渔网，都很耐用，不易折断；二是能耐苦。不论长在干旱的田埂上，还是生在瘠薄的丘陵地，都能欣欣向荣，常年碧绿；三是有威棱。龙舌兰的叶子两边，长着锯齿形的刺，牲畜见了，都退避三舍，不敢惹它。

总之，鲁迅先生喜欢龙舌兰身上那一种不凡的气质：处贫瘠之地却生机盎然，没有墙头草的奴颜，没有温室花的媚骨，如刀似箭，傲指苍穹，抗烈日，御台风，毫无保留地献身人类。

龙舌兰这种高贵的品格和鲁迅的铮铮硬骨、坚韧斗志，不正是相映成趣吗？

一枚银毫

一九二六年十一月的一天，鲁迅接到学校通知，去参加研究国学院经费的会议。

会上校长宣布说："由于学校基金缺乏，决定裁减国学院的经费预算。"

他刚说完，国学院的负责人表示了异议。这时，校长认为有损自己的尊严，立即拉下脸，恼火地说："厦门大学是一个私立大学，谁出的钱，谁便可以说话。"

这几句话，一下子把会场上的人们镇住了。顿时鸦雀无声，谁也不敢再说什么。

鲁迅先生听了非常生气，霍地从座位上站了起来，从口袋里取山一枚小小的银毫，"啪"的一声，扣在桌上，正色地说："我捐给厦门大学一个银毫，我要说话！"

鲁迅先生幽默的抗议，弄得校长狼狈不堪，急忙收起那副不可一世的模样，对鲁迅先生赔着笑脸，把那枚银毫收了去，放在自己的衣袋里，表示不敢轻视鲁迅先生的捐献。

三个白眼

当年的厦门，有一条名叫"新填池"的小市街，集通银行就设在那儿。

厦门大学发放教职员薪水，是由总务处发给支票，然后到集通银行去支领。一般学者、教授出门，不是雇船，就是坐轿，每个月上市里领薪水，也莫不如此。步行被认为是有失体面的。

鲁迅先生到厦门大学教书，每月薪金四百块大洋，算是高薪阶层的富人了。他第一个月上集通银行领薪水，偏不打轿，独自步行而去。

整整走了一个钟头，才赶到集通银行。鲁迅先生走近柜台，将支票递过去。

坐在柜台里面的经理接过支票，探头一看——只见眼前站着一个身着褪色灰布长袍、脚穿胶底布鞋、满面风尘仆仆的人。心想：难道一位堂堂的大学教授，会打扮得这般土气寒碜，莫不是捡了他人支票，前来冒领？于是，经理的眼珠便往上翻，"你是周树人？这张支票是你的吗？"

连问三次，鲁迅先生还他三个白眼，连吸三口烟，一语不发。

那经理没法，只好说："你等一下，到会客室坐坐吧！"顺手递给鲁迅先生一张《厦声日报》，让他消磨时间。

这时，屋外传来了经理打电话的声音："厦门大学会计室吗？贵校国文系有没有一位周树人教授？……什么模样？……啊，穿着的确朴素……对！就给他，马上给！"

一会儿，经理走进会客室，毕恭毕敬地捧出四百大洋，放在鲁迅先生面前。鲁迅先生从眼角里瞟了经理一眼，便扬长而去。

讲课的幽默

听鲁迅先生讲课，是一种享受。

鲁迅先生在厦门大学任教期间，担任中国小说史和中国文学史两门功课的授课教师。他讲的课，特别受学生欢迎。每回，鲁迅先生授课时，集美楼二楼的教室，总是座无虚席，不仅国文系的全部学生，还有英语系、教育系、法科、商科、理科的学生，甚至校内的助教，校外的报社记者、编辑也都闻风而来。有些人找不到位子，就趴在窗台上，挤在走廊里听讲。有的旁听生，甚至于站在课堂中的空隙处，边听边做笔记……

第一天上课，时间未到，室内室外，已是人满为患。几位迟到的国文系必修课同学，找不到座位，很有意见。鲁迅微微一笑，说："没关系，我不是也站着讲课吗？"众同学们听了，十分感动。

鲁迅先生风趣幽默、滔滔不绝地讲了几十分钟，课堂里外，悄然无声。

"同学们听课，精神太紧张了，我给大家讲个笑话，让大家松散松散。"接着，鲁迅诙谐地说："从前，有个财主出门访友，匆促间穿错了鞋，走到中途才发现，于是便叫家奴回家拿鞋来换。家奴一去半天，财主正等得不耐烦，忽见家奴气急败坏地赶来，懊丧地说：'老爷，家里的鞋子，也是一高一低的，怎么换呀？'"

同学们听了，哄堂大笑。

鲁迅先生却严肃地说："你们别笑话这个奴才愚昧无知，他是刁钻古怪，略施小计，财主便狼狈不堪了！当然，这也是滑稽小说的素材，我们还是三句话不离本行吧……"

于是，他继续讲起课来。

鲁迅先生讲课，语言生动活泼，见解新颖独特。他讲解文学史时，总是把某一时代的代表作家和代表作品，作为研究讨论的中心，围绕中心，旁征博引，分析批判，学生听了，很受教益。

当时，不少人对曹操的看法有偏颇，认为曹操是个刁滑的老奸。

有一回，上小说史课的时候，讲到曹操，鲁迅先生开门见山地说："曹操这人，是个英雄，我很佩服他。后代的文人，文章做得清峻通脱，是受曹操影响的，诗做得华丽壮大，是受曹丕影响的。他们父子，是改造文章的祖师！"

鲁迅先生把曹操父子的人品、文章以及在我国文学史上的贡献分析、评价、赞扬一通后，笑着摇了摇头，幽默地说："我并不是曹操党！"同学们听了，又是一阵哄堂大笑。

顶沃仔学校

一九二六年十二月，有一天，鲁迅先生上完"小说史"后，询问学生："学校里和周围农民的小孩，都能上学读书吗？"

当他听说许多工农子弟无法入学时，十分着急，立即建议厦门大学学生会创办一所平民学校，招收从小失学的年轻工友和厦门大学附近的工农子女入学，并提议由厦门大学教育系学生担任义务教师。

在鲁迅先生的关照下，厦门大学学生会终于在顶沃仔借得一间"祖厝"，将学校开办起来。

一九二六年十二月十二日，平民学校开学了。鲁迅先生亲自参加了典礼，而且兴高采烈地走上讲台说："你们这个学校，是平民学校，我就不能来，而且也就不能不说几句话。"

台下响起了热烈的、经久不息的掌声。

鲁迅先生微笑着表示感谢，接着说："你们都是工人农民的子女，你们因为穷苦，所以失学，所以才到这样的学校来读书。但是，你们穷的是金钱，而不是聪明与智慧。你们贫民子弟一样是聪明的，一样是有智慧的。你们能够下决心，你们能够奋斗，一定会成功，一定有前途。没有人有这样的权力，能够叫你们永远被奴役；也没有什么命运这样注定，要你们一辈子做穷人。"

春风一般温馨的言语，温暖着穷苦工农子弟的心，同学们一个个激动得热泪盈眶。

后来，顶沃仔平民学校修房屋、购图书、买纸张，鲁迅先生经常慷慨解囊。

"就"字怎么写

鲁迅先生在厦门大学国文系当教授时，经常亲自到印刷厂校对讲义稿。他对厂里的工人师傅，十分温和亲切，工人们也把他当作自己人看待。

一次，有个工人请教鲁迅先生："周教授，'就'字怎么写？"

鲁迅先生立即抽出一张纸，一笔一画、认认真真地写给他看。

后米，鲁迅先生陆陆续续教了他好些生字，这位工人便将先生写出来教他的几个单字凑起来，裱成一幅条屏。

鲁迅先生和工农大众打成一片的优秀品格，由此可见一斑。

蕹菜河必须填平

厦门市区从前有个大池塘，土名"蕹菜河"，它占了市区一大片地方。

一九二六年九月二十一日，厦门市工务局局长周醒南邀请鲁迅先生到东园赴宴。

席间，周醒南问："先生从北京来，对厦门有何看法？"

鲁迅先生坦率地回答："厦岛背山面海，风景绝佳。但从大学到市区这段路，荒冢累累，非迁移到较远的郊外去不可！"

周醒南听了，直点头："先生所见极对，我们当考虑照办。不知先生对厦门市区，有什么改建意见？"

鲁迅先生说："我来这里不久，市区情形不熟。但据我前几天到中华戏园那边去看了一下，附近那个大池塘（指薤菜河），垃圾、死老鼠，堆满池边，这不但妨碍公共卫生，也影响市容。我意必须把它填平。"

周醒南对鲁迅先生这样关心厦门人民的福利卫生，非常感谢："我们本来就打算要填的。承您指点，我们更加要坚持执行，使它早日实现。"

如今，薤菜河早已填平。当年的污水泥塘，已高楼林立，道路明净，鲜花迎人。周围一带，成了厦门繁华的闹市区。

鲁迅先生泉下有知，当会感到十分欣慰。

《绛洞花主》

厦门大学中文系陈梦韶教授，是鲁迅先生在厦大执教时曾经耳提面命的弟子。

当年，陈梦韶写了个剧本《绛洞花主》，求教于鲁迅先生，先生花了几夜阅读完后，对陈梦韶说："从前有人编过《红楼梦》精华，可是很少看见书。你的剧本，可当作《红楼梦》精华读。我替你写几个字，作为引言，你可以寄到北新书局去试试。"

陈既高兴又不安："这么幼稚的稿子，拿去出版，岂不贻笑大方？"

鲁迅先生却鼓励他："青年人学习写作，只要尽其在我。人家笑不笑，哪有闲工夫去管它，成人是从小孩变来的，小孩不因自己幼稚而害羞，你们青年人何必因为自己写作幼稚怕羞呢？"

结果，先生在离开厦门前夜的百忙中，特意为陈写了《〈绛洞花主〉小引》，并于离开厦门大学那天亲自将原稿和"小引"一起放在陈的信箱里。后来此文收入《鲁迅全集》第七卷《集外集拾遗》。

从此，每当厦门大学学生走进鲁迅广场，鲁迅先生离厦之日将《〈绛洞花主〉小引》放入邮政信箱后匆匆登程的情景，便会历历浮上心头。

鲁迅先生没有"文豪"的架子，没有"名士"的威风；奖掖后辈，如保姆爱护婴儿；指引青年，如烛光照彻迷津。他的良言美行，留在一代代厦门大学师生的心头。

四个半月

四个半月，对于历史的长河不过是一朵转瞬即逝的浪花；对于人的一生，也只是一段极其短促的日月。

然而，对于鲁迅先生来说，他在厦门居住的四个半月，却是他伟大一生中光辉灿烂、成绩卓著的一段岁月。

在这短短的四个半月（一九二六年九月四日——一九二七年一月十六日）里，鲁迅先生担任了繁重的教学工作，每周上五节课，还要编写教材，为国学院研究生作专题演讲，批改论文，为国学院专刊撰稿……

不仅如此，在这短短的四个半月里，鲁迅先生写下了《旧事重提》五篇、《故事新编》两篇、《两地书》一书、《〈华盖集续编》

的续编》一集、《汉文学史纲要》一部，以及《华盖集续编》的《小引》《坟》的题记及后记，《〈走到出版界〉的战略》、《新的世故》、《鲁迅日记》(厦门部分)等等，共十七万字。

另外，鲁迅先生还编了杂文集《坟》《华盖集续编》，校阅了《争自由的波浪》等书籍。

在这短短的四个半月里，鲁迅先生作了五次公开演讲，指导厦门大学国文系学生创办了《鼓浪》《波艇》两个文艺刊物，还接待了一批批慕名来访的文学青年……

一九二七年初春，紫荆花和三角梅开遍鹭岛的时候，在南国的微寒里，鲁迅先生离开了厦门大学，乘坐"苏州号"客轮，朝广州进发，开始了他的新的战斗历程。

厦门有缘，碧岛青山，处处留下鲁迅先生的光辉足迹；厦门大学有幸，校园内外至今犹存大师的亲切教泽。

如今，凡是远道来访厦门的人们，总忘不了到厦门大学鲁迅广场，拜谒庄严肃穆的鲁迅塑像，参观宽敞明亮的鲁迅纪念馆。在这儿，有一脉智慧的灵光，有一股民族的正气，它们引人深思，催人警醒，导人向上。

东海岸边，鲁迅先生留下的这一串美丽的足迹是永不泯灭的，它们与日月同辉，与天地共存！

一九八五年八月

我和冰心

无论用什么语言去赞美冰心都难免浮浅。她的作品，她的人格，那永恒的烛照人心的光辉，与清风明月、与高山流水、与质朴无华的大自然同在，让你可以领略、可以体味，却一言难尽。

一

读冰心的书，已整整三十五年了。大约是在八九岁吧，有一天偶尔从家中长辈的书架上见到商务印书馆出版的《繁星》和新潮社出版的《春水》，取出一看，作者竟同是一人。在囫囵吞枣、死记硬背《三字经》《增广贤文》《幼学琼林》的年纪，忽然见到这样新鲜明丽的文字，小小的心儿是何等的欢愉！于是，诗篇中那深蓝太空里楚楚动人的星星，那装点世界的弱小而骄傲的小草，那蔚蓝的海、碧绿的江，那占春先的梅香、沉海底的峰影，那浣衣的女儿、牧牛的童子，还有那当年似明似昧的乡愁，便如同一群可爱的小朋友，一下子闯进了我单色调的童年。我读着读着，常常会默默地流下泪来，那稚嫩的童心被圣洁美文启迪后混沌初开的真诚的泪珠，如同甘露，哺育着我此后的人生。作者冰心的名字，也从此刻上我的心扉。

后来几十年间，又先先后后十回百回地读过冰心的小说、诗歌、散文的全部，其中有些篇章如《寄小读者》《南归》《默庐试笔》《梦》《我的童年》等等，每读一回，总要落一回泪。尤其是作家对母亲、对人生那一份至真至纯的爱，对故乡、对自然那一份至深至切的情，长夜灯下，总令我握卷吁唏，枕畔洇湿。冰心的爱心，在潜移默化中引导我走向善、走向美、走向光明。

少年时代，冰心在我心中，是一位娟秀温存、体察人意的大姐姐；青年时年，冰心是我文学之旅的灯塔和偶像；如今青春已成明日黄花，中年时光如牛负重，冰心就像我的慈母，每当人世忧喜纷至沓来百感交集于心头，重翻冰心的著作，便有一种温馨的安慰、一种博大的宽容、一种熨帖心灵的平和宁静，像五月的玫瑰花香，幽幽地弥漫心间，令我豁达胸襟，涤除杂虑，直面人生，而那些柔似水、媚如花、千回百转深情绵邈的清词丽句，至今依然以它经久不衰的魅力，给我童心，给我母爱，给我美的陶冶、诗的灵感、生命的呼唤。

想起冰心就想起"一片冰心在玉壶"，她那冰清玉洁、"清水出芙蓉，天然去雕饰"的文字，是人间的天籁。从前我与她虽素昧平生，但多少年来，每每望星光闪烁、见月色迷离、闻风足踯躅、听海波低回，常会想起冰心和冰心的诗文。当然，冰心是我们闽籍女儿，加上这一缕难解难分的乡情，我常常忽略了她只是我心中神交，而总把她当作曾经春风帐下、耳濡目染的师长。

二

中学时代，由于我爱好文学，尤其爱好冰心的著作，由于我的作文，常常有幸作为学生范文公之于校园，于是老师、同学便戏呼我为"小冰心"。这当然是一种鼓励、一种鞭策、一种善意的嘲谑，然而在我的深心里，竟有了一片非分的妄想，希望有朝一日能够像冰心老师那样著书立说——像她那样用自己纯净的灵魂、秀美的文字滋润世界。

春来秋往，廿载寒暑如白驹过隙。到了一九八五年，在困顿蹶竭之中，我终于有了一本散文集子《无名的星》问世。对于这册散文集于他人无足轻重，于自己则如新生儿敝帚自珍的处女集，除了我的恩师郑朝宗先生、良师郭风先生之外，第三个想到必须相赠求正的人就是冰心老师。虽然，我一点儿也不敢奢望这位耄耋之年的文学大师能够拨冗信手翻阅这册浅薄幼稚的小书。江南北国，我的万里遥赠只是一种夙愿的完成，一种多年的期许，也是对冰心散文给我自幼的哺育的一种菲薄却诚挚的馈报。

我做梦也想不到，在书寄首都十日之后的一个清晨，我便从我旧日的工作单位厦门日报社的传达室，收到了一封"北京谢寄"的航空信件。未及浏览内涵便先寻找信末的签名，当多少年来萦回心间的亲切而熟悉的"冰心"二字映入我的眼帘，我很难抑制内心的激动，一下子热泪盈眶！望着那娟丽端庄的笔迹，我读了一遍又一遍：

慧瑛同志：

《无名的星》拜领并已拜读，可谓文情并茂。我尤其喜欢祖国和故乡那一段，希望您再多写下去，我为故乡又多一位女作家而高兴……厦门我到过，但未久留，将来如可能，一定拜谒！

祝您笔健并贺
新禧！

冰心

十二、廿九、一九八五

　　那是一九八五年的岁末，冰心这位我心目中的伟大老人，为我送来了一份人世间最美好的新年礼物——想想当年已是八十五岁高龄的老人，竟然对一颗"无名的星"如此关注，不仅认真披阅她的拙作，而且及时亲自操管复信加以鼓励，那一份奖掖后学之心，那一片深挚的乡情，一如她那永远热诚的为人，叫我怎能不感铭于心、长志于怀！数年间，我曾多少次提起笔来想给老人写信，但老是欲写还休。我想，语言总是无力的，倘我只是昙花一现，一切许诺便成虚晃，重要的是，孜孜矻矻、永不疲倦地按冰心老师的期望去努力。因此，多年以来，在兢兢业业搞好本职工作之余，我夙兴夜寐，呕心沥血地执着于散文笔耕。每当在艰辛的劳作中稍有倦怠，我总想起冰心老人的话："希望你再多写下去……"我的身心便有一种感奋、一种责任，那是严师的嘱托，那是慈母的寄望，那是老一辈文学大师的心愿，于是我便不敢偷懒，在艰难曲折中依然踽踽前行，为散文这清寂的园林努力增添几株小花小草。

　　五年时光一千八百多个日夜流水般逝去，在淡泊经营中我终于有了十多个散文集子问世。一九九一年四月末，我的母校厦门大学校庆期间，前来参加庆祝活动的中新社记者林华先生来家中探望我，他是我的学兄，也是冰心老人家中的常客，因此，我将我的散文新集《芳草天涯》郑重托他带往京华求教冰心老人，也算是献上我风风雨雨着力耕耘所获的一穗秋谷。

依然是料想之外，依然是书寄出十日之后的一个上午，我又收到了年过九旬的冰心老人那端庄秀丽的亲笔回信：

慧瑛女士：

您的大作《芳草天涯》早已收到并已拜读，只因不知您的地址，以致延误，昨天有福州同乡来，我才知道您在厦门。言归正传，您的散文我很喜欢，特别是抒情中都有叙事，不是空泛地伤春悲秋，风花雪月，这种文字我看腻了！希望您照此再写下去，您不是"小冰心"，您有自己的风格，春寒望珍摄。

冰心

五、十、一九九一

是的，从冰心老人给我第一封信起，五度春秋，沧海桑田，老人不知我是否燕巢依旧？是的，在我的小书中有一篇《参星与商星》，里面曾经提及少年时代关于师友昵称我为"小冰心"的往事。

短信的字里行间，流漾着一片忘年之交的眷眷深情。冰心老人用她水晶一般纯净亮丽的心，给我真诚的友谊，给我文学的指引，给我人生的鼓励。我依旧很难用言语来表达我内心的感动。虽然我把来信前前后后读了何止几十遍，每读一回，我的心河便涨满春潮。

我赶紧给林华学兄挂长途电话，词不达意地诉说着我对冰心老人的感激和思念。我说，如果今年有机会进京，无论如何请他一定陪我去拜识冰心老人，一偿我儿时的夙愿、少年的期待、中年的渴望……

三

天从人愿，一九九一年金秋，我荣获新华社《瞭望》"情系中华"国际征文奖，因为领奖，我有了飞赴北京的机会。

十月十七日黄昏抵京，我马上给林华兄打电话。接通电话后他立即明白了我的意思，握着话筒欣然表示一定兑现诺言。

十九日夜，林华来电话，告诉我已给冰心老人的女儿吴青挂了电话，吴青女士回答："妈妈刚住院出来，这一段时间为了老人的身体康复，家里谢绝来访。我告诉妈妈陈慧瑛来了，她说陈慧瑛她要见的！"

老人知我心，不负我半生相思情。我的喜悦，就不必提了！

就这样，林华与吴青定下时间——十月二十日下午三时由林华陪我去冰心老人寓所。

也巧，二十日中午，我的大哥、散文家陈佐洱先生驾一辆车子来看我。林华、我、佐洱三人便一起同访冰心。

三时整，车子抵三环路民族学院冰心寓所。打了门铃，一位阿姨来开门，说："进来吧，谢先生在等你们哩！"

踏入卧室兼书房，冰心老人果然已端端正正地坐在书桌前。林华、佐洱二兄争着为我做介绍，老人微笑着摆了摆手说："不用你们介绍，我早就认识她了！"

是啊，我与老人虽是初识，可当彼此四目相望，有如久别重逢，那一份相知，那一份默契，尽在流眸一瞥之中。冰心老人那慈祥智慧的笑容，多少年前已在我的梦中、心上。

老人亲切地拉住我的手，让我坐在她身旁，我说："谢老，多少年了，我总想着您，谢谢您的散文著作给予我的教育和滋养！"

我递上新出版的拙著散文集《春水伊人寄相思》，老人把书拿起，细细端详，然后打开抽斗，取出一张几天前刚拍的新照，工工整整地题上：

赠慧瑛女士：

我和我的一等公民

冰心

廿、十、一九九一

然后交给我，说："见到你很高兴。我送你一张照片！"

望着照片上双目炯炯有神的冰心老人，怀抱一只白色波斯猫的情态，我既欣喜又疑惑："一等公民？"

"哦，猫是我们家的一等公民，吴青他们几个孩子是二等公民！"老人笑眯眯地解释。有一种童真童趣盈溢着老人的身心，使人想起了"返璞归真""返老还童"这样的成语。

我又说，上午见到人民文学出版社的季涤尘先生，他说年前选编的《冰心散文选集》样书出来了，并送了我一册。这是一本精选的集子，装帧十分典雅。我请老人为我题个名字。老人乐呵呵地提起笔来，用她那一手清丽的楷书写上：

慧瑛嘱签名留念

冰心

十、廿、一九九一

写毕，说："我也送您一本新书！"

于是，从书案上取出一部作家出版社刚刚出版的《冰心新作选》——封面上，一盆君子兰、一只毛茸茸雪团似的猫儿构成了一个童话。这时候，我才知道，猫和君子兰是冰心老人的爱物，难怪老人对封面设计赞美不已。在书的扉页，老人题上：

慧瑛女士正

冰心

十、廿、一九九一

林华、佐洱见了，几乎异口同声："慧瑛，谢老这么喜欢你！今天，你的收获真不小呀！"

我当然很高兴，我知道，我与老人自有一线心缘，因此一见如故。

冰心老人问我："你是厦门大学的毕业生，你知道萨本栋吗？"

我忙回答："他是我们厦门大学的第二任校长，所有厦门大学校友都知道他。"老人听了很高兴："萨本栋是我的外甥！"

哦，冰心原来还是我的校长的姨妈！当老人娓娓地诉说萨本栋这位"非常厚道踏实"的老校长青少年时代的往事，我觉得冰心老人与我、林华、佐洱之间无形中又多了一份天缘。

我环顾卧室，目光停在床前墙上一幅俊逸端方的中楷上。冰心老人说，那是她祖父的书法。于是，我自然而然地想起她的出生地福建省福州府隆普营以及她那当年授徒为业、博学多才的老祖父谢銮恩老先生——书香门第的文化熏陶造就了一代文坛女杰……

房中一条"白牡丹"工笔丹青是一位陕西画家的作品，而书案前一幅悼总理的诗章是赵朴初先生的手笔；书柜里与书为伍的是各种各样玲珑可爱的小工艺品如小猫、小狗、小象等等，冰心老人兴致勃勃地告诉我："这些小玩意儿全是孩子们送给我的礼物！"

老人的卧室除了书香气息，还弥漫着一片童心天趣。

老人告诉我她有一子吴平，二女吴青、吴斌。

"儿子外出，吴青、吴斌刚好被挪威使馆请去吃饭，今天可惜见不上了！"

老人说，她的孙女吴江、孙子吴山、外孙李丹和李冰的名字都是她起的。

起名字，越简单越好，李冰出生时他爸爸在冰岛，李丹出生时她爸爸在丹麦，挑个地名就是了！

我信口问道："您为什么起笔名'冰心'呢？"

"我二十岁开始写作，那时还在上学，怕人家说我写文章，就起了个笔名。你知道我的原名叫谢婉莹，婉是排行，冰与莹也有一点关联。记得当时周作人先生是我的老师，他不知道我已开始发表作品，上课时还拿我的文章来教我们！"

说完老人爽朗地笑了起来，我们也为之解颐！

老人平易可亲，我也就无拘无束："民间有张恨水先生因爱慕您而恨水不成冰之说，是否事实？"

"那是扯淡，张恨水先生是前辈，我连认识都不认识，哪来恨水不成冰？"

说完，大家不禁开怀大笑！

老人见我对她房中的字画挺感兴趣，便让我到客厅看一看，说那儿有梁启超的一副对子。林华陪我上客厅，那客厅东墙是周总理的画像，冰心老人对总理的一片深情，洋溢于斗室之间；西墙是一幅吴作人先生的"熊猫"，两旁正是梁启超先生的对联：

世事沧桑心事定
胸中海岳梦中飞

那联句气势磅礴，又深藏禅机。那书法刚柔相济，秀而媚，着实令人喜爱。名家名联，相得益彰，冰心老人的情怀，由此可见一斑。

老人爱花，写字台上摆满鹤望兰、康乃馨、月季，朵朵鲜艳欲滴，生机勃勃，花香袭人。客厅中除了火红的一品红，还有一盆盆淡紫、鹅黄、深红、雪白等五彩缤纷的秀菊，幽芳浮动，沁人心脾。我走回卧房，忍不住赞叹："谢老您这书房客厅，真是书香花也香，难得的是北国晚秋，竟有这等水灵灵的鲜花！"

"假花我不要。人家送我人造花，人一走我就扔了。我说，与其送我假花，不如送我一株草！"

老人的气质、禀性，决定她与假无缘！

话题自然要引入文学。当我请教老人有关写作问题时，老人恳切地告诫我："写文章千万不要为写作而写作，为写而写，那就毁了。首先要有真情实感，没有真情写不出好文章，这一点，读者的眼睛是雪亮的！"

"有的人是文如其人，有的人是文不如其人；有的人一时很好，但最终不行；有的文章一看就知道是谁写的，那就好；有的文章看不出是谁写的，那就不好！写文章，与一个人的家庭出身、人格修养种种都有很大关系。"

在这言简意赅的教诲里，包容了多少艺术的真谛、人生的哲理。这耳提面命的一刻，我得到了一份终生享用不尽的艺术启迪。

鉴于冰心老人病后体弱，原计划看望的时间为二十分钟，谁知老人兴致勃勃毫无倦意，侃侃而谈，妙语如珠，不知不觉已是一个钟点。很难想象一位九十二岁高龄的老人能有如此神采飞扬的精神风貌。我对林华、佐洱二学兄说："当今中国作家，年纪最大的恐怕就是谢老了！"

老人真是耳聪目明，立即作答："原来是俞平伯比我大，可惜过世了。现在当然数我大，夏衍也比我小。夏衍写文章说比我小十二天，我说不对，小二十六天。他说反正比你小就是，我说不行，这种问题可是分秒必争！"说完，自己笑了。

她的风趣和幽默真让我们忍俊不禁。

我说："谢老您如此康健，而且智力不衰，究竟有什么养生之道？"

"我不讲究，荤素都吃，但不吃肥肉！"

望着老人粉嫩如婴儿的容颜，望着老人神清气爽的风韵，我深知这位文坛寿星，这位世纪同龄人的养生之道不仅在于起居饮食的调摄，看来最主要的还是精神的自我陶冶。她那淡然恬然、自然而然的潇洒襟怀和清心寡欲、应变不惊的处世态度，她那宽厚慈爱的为人和美好的内心世界，不仅形成了独树一帜的文学风格，也印证了"仁者寿"这一千古名言。

有人说冰心老人的"文章老来辣"！我想这正是她那善良的天性和不朽的青春点燃的不熄的生命之火、艺术之火、正义之火。普希金说："我用我的诗歌唤起人们的善心。"冰心也一样，在长达近一个世纪里，她用她美丽的散文，如清泉涓涓不息地呼唤着民众的善心、社会的进步，呼唤着人生的真善美。她是文坛的奇迹，她的文章和她的名字，从不轰轰烈烈，也从不褪色，如水如空气，淡淡地却无时不有、无处不在，淡淡地永恒着。

依依不舍地与冰心老人握别，已是黄昏。走出民族学院，深秋的京华天高地阔，满城杨树依然绿得发亮，我的心境瑰丽如诗——当你数十年间祈望相识的心灵一旦相遇，而且是在那样温情脉脉的氛围、那样美妙可爱的时光中，感受又是如许博大、如许完满，心怎能不充盈丰收的喜悦？

北国归来，忽忽又是数月，虽杂务扰人，却总想起冰心老人，总想起"闲梦江南梅熟日，夜船吹笛雨潇潇，人语驿边桥"这么几句旧词。有一份缱绻的情意如诗如画，如江南早春常春藤上晶莹的新绿萦绕心曲，于是，怀着一腔柔婉虔诚的思念，写下以上文字，献给我心中的文艺女神——永远的冰心！

一朵清丽的野菊

——郭风剪影

郭风的名字第一次进入我的生活，那是在我九岁的时候，一个夏天的傍晚，我坐在院子里的丁香花下，小青蚊在头顶嘤嘤地唱着歌，我着迷地读着《豌豆的小床》《痴想》……

"有一天晚上，我梦见自己睡在豆荚的小床上——

这豆荚的小床，多美丽呵，好像是绿色的水晶雕成的……"

"我想，有一天，我要变成一朵小野花——

一朵淡黄色的小野花，坐在两片鲜绿的草叶上。"

当时，我把郭风当作一位可亲可爱的小朋友，藏在我小小的心里。

岁月风风雨雨地过去了多少个年头，可我总忘不了他的这些像高山流泉那样纤尘不染的、充满晶莹美妙的童心的诗一般的句子；忘不了他笔下那些逗人喜爱的紫罗兰、百合、蒲公英和矢车菊们。

真正认识郭风，却是在一九八一年的冬季——一个阳光明媚的星期天，听说郭风和柯蓝到厦门来了，作为文艺编辑，组稿是我的任务；私心里，也想拜会郭风这样一位仰慕已久的散文界著名作家，因此，午后二时许，我来到三角梅纷披的白鹭宾馆。

在宾馆的花园里，遇见了本地文友老傅，他正陪着两位老人说话。

"你上宾馆看望谁呀？"老傅问我。

"拜访郭风老师!"

我话音刚落,一位眉清目朗、面貌慈祥的长者,立即微笑着走过来,说:"我就是郭风。"

握了手,我说明了来意——希望他在旅厦期间为我报副刊写一篇华章。他有些为难了:"小陈,你可能不了解,差旅在外,我是写不了东西的,总得回家后,才能动笔。你约的稿子,以后再说,好吗?"

后来交往多了,才知道老人有个习惯,写文章必须在家里那张古老的木桌上,一坐在那儿,仿佛灵感就来了。因此,不少朋友叫他换一张新式书桌,他总不愿意。几十年了,那旧书桌一直陪伴着他……

第一次见面时,我当然不知道这些。组稿如催命,这是我的长处,也是我的缺点。见老人没立时答应下来,我有些失望了。老人看了看我,说:"难得你这么诚恳,我努力完成吧!"

出于礼貌,我不能再催了,再三叮咛回去后一定惠稿,便回了报社。

第二天上午八时许,我接到一个电话:"小陈吗?我的稿子写好了,柯蓝也写了一篇。"

真想不到,一夜之间,郭风不仅自己写了文章,还鼓动柯蓝也写了。我立即赶到宾馆,两位作家正在抄稿子。柯蓝老师告诉我:"老郭对我说,地方的报纸刊物,一定要热心支持,让我非给你们写不可。昨晚,他破天荒地写到下半夜两点来钟……"

也是后来,我才知道,郭风每天晚上八时左右入睡,清晨四时起床写作,这是多年不变的老规矩了!

　　为了一个市报的年轻编辑的约稿，他打破了正常的生活、工作规律，熬夜撰文……我心中的感念和敬意，自不待言，立即自告奋勇地帮两位老人抄完稿子。

　　隔日，两篇大作同时见了报，我把报纸、剪报送到他们下榻处。郭风很高兴地对我说："看你办事这么认真、迅速，我有一件事和你商量——散文诗原是一种美育生活、陶冶人生的很好的文学样式，现在却冷落得很。能不能利用你们的副刊，编发一点'散文诗专页'，促进一下这种文体的繁荣呢？"

　　柯蓝老师也极力表示赞同。

　　对这样一种不为人所重视的文学品种，老人却寄予那样的深情，他的事业心打动了我，我决心为散文诗的复兴做一点努力。社领导的支持加上他的指导，"散文诗专页"终于办出来了，一期又一期地持续下去。三年间，"专页"的星星火种，燃遍了大江南北的报纸、杂志。散文诗这一文体，也开始改变了或依附于诗或依附于散文的两栖地位，有了自己独立的门庭，出现了空前未有的昌盛局面。我和老人之间，也从此植下了友谊的种子。

　　郭风对事业如此专注，对艺术却分外宽容。一九八二年初秋，郭风来到鼓浪屿参加福建省小说、诗歌的评奖工作。一个黄昏，我去探望他。迎着绯红的晚霞，我们漫步在海滨山坡上的树林里，老人抚着挺拔俊逸的波斯枣椰、亭亭如舞裙的华盛顿棕榈，指点着朵朵娇艳的黄花夹竹桃、片片牵枝引蔓的青藤，快乐得如同孩子一般："小陈，你看看，这片树林里，高大的、矮小的、苗壮的、纤弱的、名声显赫的、默默无闻的种种树木花草，个个按照自己的特性，奋发向上，组成了繁复而美好的植物世界。艺术也一样……"

　　我听了，很受启迪——可不是吗？老人的心，总是那么博大、宽厚：他热爱散文、散文诗，但从不排斥小说、诗歌；他的文字明朗而清新，却从不贬低朦胧、含蓄的美文；他具有根基深厚的古文修养，崇尚优秀的民族文学风格，也时时注意汲取外国各种文学流派的精华……

　　他热爱大自然。读他的作品，和他在一起，往往不能不为他与大自然那种物我两忘、水乳交融的情谊所感动。

　　一九八三年仲春，他陪孟伟哉同志到厦门来。我们相约同游醉仙岩、天界峰。老人天没亮便上了山，在长满相思树的峰岩间，热心地采集着各种各样的野花和蝴蝶，一一夹在笔记本里。那兴奋的样子，有如小学生参加春游一般。啊！大自然给了他可贵的童心，他是大自然赤诚的儿子！

　　我们从自然界的山川风物谈到创作，老人说："艺术的炉火纯青的极境是自然，是返璞归真。做文章，我意少些雕饰，从容写去……"他向我介绍泰戈尔、阿索林、史密士……他热情地推荐戴望舒和徐霞村合译的《西窗集》……

　　他喜欢空灵、淡远、和谐的情致，喜欢中国山水画式的白描。大千世界的海色岚光、日月星辰、花鸟虫鱼，在他的眼中和笔底，都蕴含着一种超尘脱俗的理趣、一种净化灵魂的美感。

　　他的为人，也总是那么恬淡、温情，甘于寂寞而又从不停止奋斗。

　　去年五月，我到庐山参加中国写作研究会华东年会，途经福州，第一次到了郭风府上。走进书房兼卧室的房间里，除了满墙书架而外，最显眼的是正中那一架鱼骨吊灯；一串串薄如蝉翼的乳白色鱼骨片，笼着柔和的橘色灯光，微风吹来，鱼骨相击，叮当作响。站在灯下，我仿佛进入了一个诗、画、音乐交融的艺术境界。

那是中国作家代表团访问菲律宾时马科斯夫人赠送他的礼品。老人特别珍重友情，提起吊灯，他的眸子里，便飘出一缕温柔、缅怀的情思。

这时，我才想起，家中不见女主人："郭老师，您夫人呢？"

"去世了！"他的声音，有些苦涩，顺手指了指窗前那张前面提过的木桌——据说这木桌是他结婚时置下的家具。

桌上的玻璃板下压着他和夫人的结婚照片。我忽然领悟了，老人写作时离不开这张旧木桌，会不会也是对伊人的一种怀念呢？

他是省作协主席，有着许许多多的社会工作，他是作家，一息尚存，便要不停地创作。他暮年丧偶，写作中、生活上的不少事情，只得靠自己料理，在旁人眼里，他的晚景是冷寂而凄凉的。可是，他自己却不以为然："我已经进入垂暮之年了，没想到这三年所作较多，这是因为自己的心情愉快。也许，晚晴的美丽能够引起创作的思念和灵感？"

果然，继他创作道路上的丰碑《叶笛集》之后，近年来，《啊，山溪》《你是普通的花》《笙歌》等散文、散文诗集，一本接着一本问世！

他从来不曾大红大紫，也从来不曾向往大红大紫。不管社会怎么变迁，人情如何冷暖，他总是执着于自己的人生追求，执着于自己的艺术探索。

在武夷山召开八省二市散文笔会时，在九曲宾馆里，他曾经十分庄重地告诉我："我觉得自己不应该把那些艺术上拙劣的、冗长乏味的作品，那些虚假的热情和说点空话的作品，呈现在读者面前。

我希望自己能够认真写出于世道人心有所补益的作品，这便是我的
艺术良心！"

　　他是一位谦逊、质朴而言行一致的人。四十多年来，他珍惜自
己的艺术身心，不息地吹奏着他的富于闽中木兰溪风韵的叶笛，歌
唱故乡，歌唱人民，歌唱祖国的大好山川、风流人物……他的歌声
里，流漫着纯真而广袤的爱情，人们听了，往往会不由自主地被陶
醉；人们的心灵，往往会在它的潜移默化里，变得如月光般的皎洁，
如白云般的明净，如八月的秋原般的丰富、辽阔……

　　我的床头，放着老人题赠我的、四川人民出版社出版的、装帧
精美考究的《郭风散文选》。每当我掀开扉页的照片，总觉得老人
用他善良而纯洁的目光，正亲切地注视着世界、注视着人生、注视
着我……我的心头，自然而然地便会浮起老人写在《酢浆草·野菊》
里的一句话："他（们）真心真意地开放花朵，在不很显眼的地方，
给大自然增加了美丽。"

　　郭风，他自己不就是一朵生机盎然的野菊，为千姿百态的生活
大园林不息地增添着美丽吗？

旧　邻

　　原先，我与孙煌对楼而居。两楼之间，仅隔着一条一米左右、伸手可以相握的小弄堂。我们的窗口，咫尺相对，彼此房内，一目了然。窗帘，是两户人家唯一的屏障。

　　我刚搬来那会儿，与孙家并不熟悉，只是彼此正好都拉开窗帘时，可以望见他家里走动着一对中年夫妇、两个女孩而已，姓甚名谁，全然不知，偶尔目光相遇了，不过是淡淡一笑，算是打招呼。

　　有一回在报社，美术组的老吴拿了几幅石刻版画给我制版，有羊蹄甲、相思树、日光岩、古炮台等等，那刀功、那气韵，于盈寸之间，发挥得淋漓尽致，叫人好不欢喜。正欣赏着，门外走进一位潇洒魁梧、仪表堂堂的男子，老吴忙介绍："说曹操，曹操就到。这位便是鼎鼎大名的版画家孙煌先生，你手上这一组作品的作者就是他！"

　　他低头，我抬头，相对一看，不禁都笑了起来。

　　就这样，两位邻居，第一次真正相识！

　　一回，他有事上我们这一栋楼来，顺便踱进我家，前后左右浏览一番，说："我真替你发愁，三代五口共此斗室，够饱和的了！加上人来人往，终日如蜂巢一般，怎么写作？"

　　"只有深夜……"我回答。

　　是呵，每当深夜，两座大楼里的男男女女都已进入梦乡，而我们两家窗前，却总有一朵晕黄的光焰，盛夏里诱着灯蛾，严冬里驱着寒意……

我们居室四周，热闹有如市场：三班倒的职工进进出出；楼下有食堂传出烧、煎、煮、炒、洗菜、泼水之声，磨刀人、锯木匠所发之声，收买旧报纸、破铜烂铁的小贩形形色色的吆喝声，从早到晚不断；楼上，时有歇斯底里的高声谩骂……

在这样的环境里，每日每夜，他雕刻着、我涂写着，各自努力摆脱众声相扰的现实，为了心中善的世界、美的精灵。

我们都忙，为邻七载，还是为了陪伴一位画家我才到过他家一次。

他的府上也不宽敞，与画家盛名实难相称，但粉墙上吴作人、李可染、黄永玉诸大名家的手笔，一进屋便给人留下了艺术感。上千斤的寿山石和一橱橱的作品、卡片，占据了主人的大半个房间。原来，他的那些远渡重洋、流传国外的佳作，"产床"就在这儿……

于是，对于这位芳邻，我的心中自然有了一种敬意。后来，经常想再去拜访，接受一点儿艺术的熏陶，终因穷忙，一直耽搁下来。

但见面的机会，毕竟是有的：虫声唧唧的夏夜，艰辛的笔耕之余，偶尔撩开窗帘，享受一下小巷来风，正好赶上他也掀帘临窗，这时，大家便会互相点头致意；有时，街头巧遇，相互道声："您好！"然后，他说，看到我的文章发在哪里哪里；我也说，看到他的力作刊在哪里哪里，彼此似乎都有些观感要谈，但各自有事在身，加上行人如潮的大街，也不是探讨艺术的地方，只好三言两语，匆匆分别；有时是远客来访，找错了门，问到他头上，他便会打开窗扇，探出头来："小陈，有客！"于是，一声"谢谢"之后，便又久违。

各人埋头于事业，相逢的机会总是不多。虽然，时时可闻斧凿解石之声，夜夜可见窗上浓浓剪影，言笑在耳，形影可及，交往呢，却似近还远，似亲还疏。

我喜欢他的石刻艺术，只是并非深交，也就不便索求。一日，听得对邻"侬呀"一声："小陈，开窗！"

我推开窗叶，只见塑料绳系着一个小纸包，吊在一根短短的竹竿上，从对窗伸进我家。我解开一看，一方寿山石印，端庄洒脱的篆书刻着我的名字。我自然视为珍宝，从此，这枚石章便出现在我的每一本新书上。

几年间，我也出版了几本小书，总想取一册赠送这位近邻，除了请教，也是"投桃报李"之意，无奈老是自惭浅陋，羞于示人，至今不曾送去。

在旁人眼里，我们这两户人家，彼此既无求于对方，又无利害相关，谁的存在与消失，与另一方，大概是毫不相干的。

岁月如流水，多少年过去，我搬离了旧址。

莫非人都有怀旧病？未迁居时，我曾经朝思暮想，渴望着早日结束那黑暗、嘈杂、三代同堂的蜗居生涯。待到经历了无数艰难，终于从两堵城墙的夹缝中解放出来，拥有了一方明净的小天地，心却怅怅然若有所失起来——

虽然，如今窗前有了阳光，窗外有了绿树，喧嚣之声离我家远去，黎明时分，间或还有小鸟嘤嘤啼唤，但邻家那亲切悦耳的斧凿叮叮，那漫漫长夜熟稔的灯花灿灿，却从此在我的视听里失落……

我曾几次想去探望我的旧邻。因为忙，至今未去；他也几次说过要来看看我的新居，同样是因为忙，至今没来。

如水之交，却难相忘……

芳草天涯

不论地角天涯，都有我亲爱的同行。我常常想起他们——即使到了白发苍苍，也不会遗忘……

关于同行的故事，如萋萋芳草，在我心底，汇成春天，这里，不过是撷取绿叶几片……

一

独自徘徊在北京机场，我的心忐忑不安——

航程的终点站是长春，首都到那儿，没有直接的航班，必须在沈阳中转。领导交给的任务挺急——务必在第二天赶赴目的地。可陌生的大东北，我是首次前往，而且，没有一个熟人。到沈阳，投宿何方？谁帮我购买飞往长春的机票？

前路茫茫，心里好不烦恼。

忽然，我灵机一动，何不请《人民日报》的朋友老秦帮帮忙，让他给《沈阳日报》挂个电话？我急匆匆拿起候机厅的电话，拨通了《人民日报》总机……

分机响了三次，没人来接。

"老秦不在！"总机里传来了非常年轻的女高音。

我重重地叹了一口气，手里的电话却不甘心搁下。

"听你的口音，准是外地人！碰上什么急事了？"总机那位女接线员亲切地询问我。

"我是《厦门日报》的编辑，出差到东北去……"我把我的苦恼以及打算求助于老秦的事，一股脑儿告诉她。末了，仍是叹息："既然老秦不在，就算了！"

想不到，我话音未落，这位只闻声未见面的姑娘，却爽快地说："您尽管上飞机吧，这事我来办！"

"真谢谢您！请问贵姓大名？"我喜出望外。

"谢啥呀，同行嘛！"她笑了，却不肯留名。

带着欣慰的心情登机，然而，我心里依旧忐忑不安——这位姑娘和我素昧平生，凭什么帮我？即使她真心帮我，北京飞沈阳不过个把钟头，时间这么短促，与《沈阳日报》能联系得上吗？即使联系上了，今天是星期日，大家都休息，谁肯来接我？更糟糕的是——我好糊涂，连名姓都没告诉那位女接线员，就是有人来接，茫茫人海，人家怎么寻找？

容不得我再胡思乱想，飞机已降落在沈阳机场。三月初的沈阳，依然一片白雪茫茫。同机的人们纷纷走出机舱。我虽然感谢《人民日报》那位总机接线员，但对于来人接我并不抱希望。我最后一个提起行李，在黄昏的风雪里，低着头，瑟缩着走下舷梯，慢慢地，朝出口处走去……

出口处，人们都走光了，我正想找巴士进城，忽然，一位穿黑呢大衣的男同志堵住我："您是厦门来的吧？"

我抬头一看，他的手里，举着一个小木牌："接《厦门日报》记者！"他的身旁，停着一辆小卧车。

"您是……"

"《沈阳日报》！"

我这一喜非同小可。一时间，却说不出一句话来。

"上车吧！"他把手一挥。

坐上车，我问他："您贵姓？怎知道我是厦门来的？"

"我姓王，今天正好值班。一个半小时前接到《人民日报》的电话，告诉我们有位厦门的同行要来沈阳，我便找了司机来接人。眼看机场上人们都出来了，就剩你一个，我才冒昧上前打听……"

于是，老王帮我找旅馆安排下住宿后，就忙着打电话请人设法买去长春的机票；机票一有着落，又给《吉林日报》打了长途电话，让他们明天按时接站……

是夜，老王和他们报社一位负责同志老于一起，邀我到宿舍小酌。这时候，我才知道，老王是报社的一位部主任，那段时间，恰好他爱人出差在外，两个小孩全靠他一人照料，为了我，整整忙了大半天，连孩子的夜饭都管不上。

席间，我想起了一件与《沈阳日报》有关的旧事：

"三年前，贵报向我约稿，我写了一篇寄来，很快就刊发了，那位编辑也姓王，叫王——"

"就是他！他原来在文艺部！他走了，文艺部再没姓王的！"我还没把话说完，老于便翘起下颏朝老王一点，笑呵呵地说："真巧！今天接您的又是他！"

老王和我都笑了起来："无巧不成书呵！"

在春寒料峭的北国，我安享了倥偬旅途中温暖的一夜。

第二天，老王、老于一起驱车将我送至机场，分手那一刻，他们反复叮咛着："小陈，一定再来沈阳！"

"一定！"在皑皑雪野里，我使劲地挥着手，不知是泪水还是雪水，雾蒙蒙地模糊了我的视线……

热血肝胆的北京姑娘，至今不知姓和名；憨厚质朴的沈阳老王，从此不曾再相见。然而，他们就像多年知交，常驻我心间——天涯不远，至情常新……

二

离开厦门进入新疆前夕，我给乌鲁木齐的文友伊萍打了电报。

于是，我安心地登上波音737，由厦门飞抵北京，又由北京改乘伊尔-62前往乌鲁木齐。遥远的新疆用她广袤的富有和神秘的魅力诱惑着我，使我忘却了万里旅途的艰苦和劳顿。经过了横贯祖国东西大陆的漫长的将近八个小时的航行，在夕阳西下时分，我终于落足乌鲁木齐。

令人意外的是，我在机场等了又等，就是不见伊萍踪影。秋天的戈壁黄昏，风刮起来了，白杨沙沙作响，四野寂寞而凄凉。在这片完全陌生的土地上，我一个单身女子，找谁去？民航进城的班车早已开走，我心急如焚……

幸亏天无绝人之路，新疆商业厅派了一辆小车来机场接客，好心的主人让我搭上他们的车。

"进城找谁？"车上的一位老同志问我。

"……"我参加开会的地点在吐鲁番。到乌鲁木齐，我原定找伊萍，伊萍没来接我，我找谁呢？

犹豫了一会，我决定去《新疆日报》——我想起了两年前在天津的一个会议上，认识了一位《新疆日报》的女记者小张。

到了报社，我千恩万谢地下了车。

那一天恰好是维吾尔族的古尔邦节、汉族的中秋节，维吾尔族、汉族等各族的工作人员全放了假，小张不在报社。传达室的同志见我风尘仆仆而来，马上带着我上小张家里。

小张正烟雾腾腾地张罗着炒菜做饭，见到我，一声惊呼，乐得一蹦老高："做梦也想不到——你会上新疆来！干吗不打个电报，让我接你去？"

我提起伊萍。小张说，伊萍早几天下乡到石河子去了，根本收不到我的电报。

"你们正过节，我这不速之客，给你们添麻烦来了！"我心中着实不安。

"节日里来客人，是新疆人最大的心愿！何况，我们还是同行！"

小张把馓子、哈密瓜、葡萄、杏干儿堆了一桌子，只管叫我吃。她那动人的真诚，使我真正体味到了"宾至如归"的情感。

一会儿，小张把孩子托付给邻居，带着我去见报社的总编辑。总编热情地为我泡茶切瓜，又亲自打电话给总务科："把我那房子收拾一间，搭上床铺被褥，让小陈休息！"然后笑微微地对我说："住自家房子，舒适些！"

原来，这位总编辑刚分了一套三室一厅的新房，油漆粉刷好了，还没搬进去。他告诉小张："人家南方人，好干净，住咱招待所，怕不习惯！"

安排妥帖，小张领我到家里吃了晚饭。戈壁滩上的夜来得迟，饭后，小张说："让你领略一下新疆风情，怎么样？"

我当然乐意。小张便领着我上维吾尔族大娘热孜汗家做客，领着我观看维吾尔族、哈萨克族歌舞……直到一轮皓月升起在天山博格达冰峰上，她才伴我回住宿处。

坐未暖席，小张转身出去，用一只精致的红柳篮儿，从家里提来一大篮黑皮西瓜、网纹香哈密瓜、马奶子葡萄、月饼。

　　"东海边来的尊贵客人，让你在大西北过一个别具风味的中秋节吧！"

　　热情爽朗的小张，真恨不得把心都掏出来。

　　"咦，我上你家，怎不见你爱人？"我问小张。

　　"他在部队上，每个月回来一次！"

　　"今晚是中秋节，他能不回？"

　　"回呀！我方才回家，见他刚进门。"

　　"那你快团圆去吧！"

　　"不急！你难得来，我当然陪你！明天，我请老总派车送你上天池。待会儿，我到办公室给吐鲁番记者站打电话,让他们后天接你。"

　　小张为我安排得如此周到，感动得我不知该说什么才好。

　　是晚，小张帮我打长途电话直到深夜。当她踏月归来，敲开我的房门，我已睡过一觉了。

　　在远离故乡的天山脚下,在不是亲人胜似亲人的新疆同行之间,我度过了一个哈密瓜一般甜美的、充满了人世温情的中秋佳节。

三

　　吐鲁番大河沿车站，开往上海的列车即将启程。

　　我突然腹部绞痛，虚汗如雨，接着是大吐不止：不仅是胃中食物，连胆汁、血水也一起涌出！送行的朋友们不让我上车，手忙脚乱地要把我送医院……我归心似箭，而且，不愿意过于麻烦大家，因此怎么也不肯停留："大概是胆囊炎发作，能有点儿药就行！"

　　大伙儿拗不过我的牛劲，只好让人去买药。一位文友嘱咐我："到西安一定停下看病，大地方条件好些，千万别再拖延。我给你拍个电报，会有人接你去！"

"谁呀！"我有气无力地问道。

"你记住三个'西安'就得了——西安市《西安晚报》孟西安！"

我抱病踏上了东去的列车。三天三夜的漫长旅途，胆囊炎急性发作，疼得我死去活来，粒米不进。幸亏列车长用广播呼叫了几回，请来了旅客中的一位医生帮助急诊；幸亏同车厢的几位互不相识的旅友多方关照，在秋风秋雨中，在长夜无眠里，在嘈杂拥挤的火车上，我总算一站熬过一站：七泉湖、哈密、柳园、疏勒河、嘉峪关、陇西、天水……车过兰州，我一心盼望快到西安。我想：实在不能再拖下去了，否则，说不定真要客死他乡！

车抵西安，是夜间十一时许，停车时间二十分钟。几位旅友帮着提了行李送我下车。风雨潇潇，寒气砭骨，我抖抖索索地倚靠在站台的水泥柱上，左顾右盼，从人潮汹涌一直等到形单影只，依然听不见有人喊我的名字。我头晕目眩，双腿发软，心里后悔不该贸然下车……

开车的铃声响了，车上的旅友们从车窗里探出头来喊我："既然没人接你，快上车吧，我们送你到上海！"

我正吃力地把行李往车上递——说时迟那时快，蓦然间，有一双大手，往我肩上一拍："小陈！"

我猛一回头，行李"扑"的一声掉在站台上，列车轰隆隆启动了。

"啊！雷抒雁！"我惊喜交集，惊大于喜。

"你看谁接你来了？"

从雷抒雁身后，从朦胧的灯影里，走出了一位高个儿的中年男同志。

"我是孟西安！"他热情地朝我伸出手来。

啊！孟西安！原来，诗人雷抒雁从北京乘火车来西安，当夜九时到达。他的同学——《西安晚报》新闻部主任孟西安开车来接他，并且递给他一份电报，说："《厦门日报》记者陈慧瑛，乘乌鲁木齐到上海的特快，今夜十一点多钟到达。电文上写明是病号，我得接她。你先在候车室等等吧！遗憾的是，这位同行，素不相识，能不能接上，还是个问题！"

"陈慧瑛，我认识！"雷抒雁自告奋勇，陪着他来接我。

由于电报没标明车厢号码，他们找了一个车厢又一个车厢，以至彼此几乎失之交臂。

老孟早已为我登记了钟楼饭店，三人皆大欢喜地乘上《西安晚报》的车子直奔宿地而去！

此后几天，老孟安排我就医；为我邀来了西安的文友贾平凹、李天芳、晓雷等等；还让他的夫人——一家工厂的党委书记亲自出马，在最短的时间内帮我解决了西安飞往厦门的机票。

我终于顺利而平安地回到了故乡。

于是，我那一次漫长而艰辛的西行之旅，以同行老孟的热诚相助，为它画下了一个圆满的、令人终生难忘的句号。

几年间，我在我的家乡，也曾接待过不少同行，不论他们来自海内海外，不论他们与我是否相识……虽然我不过是一名普通编辑，如同星光萤火一般，能量有限，但我用我真诚的心，为他们提供一切力所能及的帮助，以此来报答各方同行对我的无私的关切，也以此点点滴滴来增添我的职业的纯洁和美丽！

一九八七年二月于厦门

武夷山写意

"武夷风景是属于世界的！"——一九七八年开放旅游以来，不少海外侨胞、外籍华人谈及武夷山水，得意之色，溢于言表。今秋，随"全国青联台籍青年访问团"前往探胜，果然名不虚传。山中掬得杯泉片茗，因成三章。

九曲宾馆

九曲宾馆，武夷山的眼睛。过往游人，总忘不了这秀媚多情、楚楚动人的明眸！

重阳前夕，暮霭苍茫中，访问团抵武夷。车停处，云里空山，一鞭残照，大王峰、鹰嘴岩、骆驼岭、隐屏山蜂拥而来。人，仿佛一下子落入了原始洪荒世界。

谁知穿过五曲桥头，却见一段水蛇般的柏油小径飘然而来。路侧，木芙蓉绽得正欢，红敌胭脂白胜雪。一段暗香，影影绰绰，似乎伸手可掇，愈近愈浓，酒也似的醉人——原来是晚桂花开时节！

步上慢坡，便见一幢玲珑白楼，亭亭地立在翠峰环抱、清溪逶迤的芳草地上，古色古香的松皮匾缀着"九曲宾馆"四个隶书大字。

拾级登楼，笑盈盈的服务员忙接过行李，递上一盏香气氤氲的武夷岩茶……

进客房，推窗一看：屏屏青山，曲曲秋水，移步换形，俯仰易色，纵使丹青圣手，怎能绘就如许灵动山川？游人一瞥，涤尽了征尘风霜。

居宾馆，清晨可观日出，黄昏能眺夕照；云从窗入，鸟啼栏前；满目苍苍碧色，一庭杂花生树；登山归，有宾馆主人嘘寒问暖；涉水回，有山珍佳肴供我品味……

一位老态龙钟的芝加哥华侨，离别时为宾馆拍下一帧玉照，上题："多谢武夷人，天涯长相思。"刚从异域辗转回国的青年小阮，在日记上写道："九曲宾馆，宾至如归。"……

武夷，美的岂止山水？更有九曲宾馆娟丽温存、顾盼生辉的眼波，暖人心扉！

仙凡界

来武夷，谁能不想登"第一胜地"天游峰？天游峰顶，有巨石勒"仙凡界"。据说游人一跨此界，便从凡尘升入仙境了！

恰是重阳登高日，我们从九曲宾馆出发，穿"云路"、入"云窝"、攀"问樵台"、进"聚乐洞"、临"仙洛潭"，便见危峰突兀，壁立千仞，石级凌霄，长松方竹掩映，翠岚白云舒卷。登山者头足相抵，只许向上，不容退下。耳边鸟语婉转如诉，身旁云朵穿襟入袖，由下仰望，人真是飘飘欲仙哩！

临极顶，踏上仙凡界，已是眼花腿酸，大汗淋漓。"脚力尽时山更好"——眼前豁然开阔，几十丈宽的平台繁花缤纷，奇香袭人。

正中一座典雅古朴的庙宇，为天游峰平添了几分仙风道骨。回眸四顾，但见群山被云海吞没，只余点点峰尖，如海上小岛，飘浮在一片雪浪之中。这时，山水、天地、仙凡之间，全分不清界限，只觉得人已超然物外，唯存一点儿性灵。啊，不经一番艰辛跋涉，怎能置身如此出神入化境地？

勇士攀登、懦夫却步的仙凡界啊，千古以来，你可不就是一块人类意志的试金石？

星村放筏

你乘过世上最古老的行舟吗？——那武夷山中九曲溪上苇叶儿似的竹筏啊！

从星村渡起，清溪环绕十五里，九曲流水，一曲数峰，一峰数景，变幻莫测，绮丽迷人哪！

我们租得竹筏一片——一片单筏仅容三人。坐竹椅上，仰头是天，天淡绿，低头是水，水深绿，夹岸青山，一派墨绿；连空气，都渗着朦胧的绿……我觉得自己也变成了一只翠鸟、一只青蛙、一片山茶、一掌荷叶了。这小小竹筏里绿的山川、绿的生灵、绿的心境啊！

"我给你们'讲古'吧！"放筏的船娘拿篙尖指点近水远山，娓娓地说：

"这山是卧狮戏球，那岩是纱帽缀玉；

这石是和尚背尼姑，那台是仙人更衣处；

有金鸡啼月洞，有虎头插花岭；

……"

为什么山号"武夷"——那是彭武、彭夷兄弟俩为当地治洪抗灾，人们纪念他们，才把这片奇山异水命名"武夷"哪！

哦，玉女峰到了——你看，那袅袅婷婷的三片巨石，就是姐妹仨呀！大姐正临水簪花，二姐正对镜画眉，三姐呢，远眺大王峰，正为大王害相思哩！

…………

天啊，船娘竟是武夷山的民间文学家！无知的山川，古老的传说，被她绘声绘色地一描摹，真是形神逼肖、含情脉脉了！远方的来客，纵使走遍海角天涯，怎会忘了这里聪颖的船娘、美丽的神话？

中华儿女用自己的才华，给美好的山水附丽了智慧之绿——这伟大的生命之绿啊，将与万古江山一样永存！

桃源洞

宋朝诗人辛弃疾游武夷，曾题一诗："见说仙人此避秦，爱随流水一溪云。花开花落无寻处，仿佛吹箫月下闻。"写的便是武夷山桃源洞。千古以来，这里传颂着一个家喻户晓的故事：桃源洞是神仙洞。一天，一渔郎打柴迷路至此，见二仙翁在洞中欣然对弈。渔郎是当地围棋圣手，便上前施礼，声言要与仙翁赌一胜负。结果，尽管棋艺高超的仙翁们弄幻术、耍绝技，使尽浑身解数，依然败在渔郎手下。二仙翁各自输给渔郎一件宝贝：一片绿叶、一壶琼浆玉液。

绿叶变成武夷山上葱葱郁郁的片片茶园，琼浆玉液化作晶莹清澈的九曲十八弯流水。香茶清溪，良田美谷，养育了一代代武夷儿女。

传统旧戏，不论京剧越剧、乡间杂戏，总脱不了"打败仗，天兵上，逢绝路，神仙出"的老套路——也难怪，在封建社会里，神总是高人一筹的呀！可是，武夷人却反其道而行之。他们用自己的智慧和汗水，写下了人高于神、人定胜天的美丽诗篇！

胡丽娘

武夷九十九岩、七十二洞、三十六峰、九曲十八弯清溪——奇山俏水，随处可闻狐仙的传说……

某日凌晨，漫步溪桥之上。远远走来一位樵童，攀谈之下，樵童指着隐屏峰告我："那儿有个狐狸洞，住着狐仙，灵应着呢！"

一打听，竟勾出一段朱夫子的"风流韵事"！原来，此地九曲宾馆旧址，便是宋朝淳熙年间朱熹讲学的紫阳书院，与隐屏峰狐狸洞遥遥相望。

当年，朱熹在紫阳书院广招弟子，授以经书。有一女学生胡丽娘，容貌妍丽，才思敏捷，深得朱熹喜爱，丽娘温柔多情，也百般体贴鳏居中的老师，两人相爱了。可恨的龟精却化作艄公，向朱熹点破丽娘即狐仙。一对热恋中的情人为世俗所不容，只好忍痛分手。丽娘死于非命，埋在狐狸洞中。从此，一段凄婉哀艳的朱熹野史在武夷山中代代相传。

我想，胡丽娘大概是有的，只是并非狐仙。真没想到，一向以非礼勿视、非礼勿动诲人的朱文公，也有这样一幕撩人心弦的爱情悲剧！

古老的中国啊，几千年来将圣贤奉为不食人间烟火、超凡脱俗的神的迷信，戕害了多少纯洁的心灵？美丽的武夷山，竟也奉献了胡丽娘这样一个可怜的牺牲！

山水七题

三　峡

呵，三峡，你是长江最风流的女儿！

屈原从你这里走出去，李白从你这里走出去，郭沫若从你这里走出去……

走出去的，和日月一样发光，和天地一样久长！

无数舟子的眼泪，汇作你怒涛叠起的惊险；无数舟子的白骨，垒作你危峰罗列的神奇；不尽的川江号子，湮没了你百里山程水路的虎啸猿啼……

留下来的，成了风景，成了口碑，成了岁岁年年永恒的诱惑不朽的魅力！

走出去的，是你绚丽的风采；

留下来的，是你铿锵的风骨！

呵，三峡，你是长江最风流的女儿！

巫山十二峰

遥指十二峰，那云龙，那秀女，那飘飘的仙，那翩翩的凤……

其实呢，不过是人们美妙的想象，才附丽了你们如此鲜美的生命——

十二峰呵，你们是巫山的幸运儿；一旦被人赏识，从此身价百倍！

当你们在云纱雾帐里"搔首弄姿"，赢得了无数的青睐和喝彩，可曾想过，在世人们的指指点点之间，有时却也难免毁誉俱来——这个说盛名之下其实难副，那个讲欺世盗名贻笑后人……

我看见这儿许多无名的山峦，默默地养育着青青的柑橘，默默地开放着红艳的山花。千百年了，她们从不为人所知，也从不为人所弃！

也许她们没有桂冠的重负，生命反而更为自由、洒脱、充实！

神　女

流眸四望，雾蒙蒙，楚阳台在哪里？

千年如流水，何曾有一刻旧梦重温？

淅淅沥沥的秋雨，据说滴滴是神女泪！

危崖幽壑里，伊等了又等，云散高唐，楚王从此不回！

呵，神女，何不学文君锦里当炉、薛涛花溪吟赋，长长短短、深深浅浅，留一个有声有色的红尘故事？

何必朝云暮雨，孤凄凄、冷寂寂徒然厮守那一段无望的相思——老了你明艳的青春，误了我多情的游客！

巴　东

沿江依山，有石梯穿云。山高月小，栈道如藤。难怪自古以来，这里的野猿，能啼出游子三更的乡愁、五更的别恨……

今天我万里来此，猿声早已式微。踏山踏水，去寻秋风亭，去寻北宋那一位闻名天下的诗人、才子、正直又清廉的巴东县令——

传说他把权衡轻重的"铁权"，放置公堂之上，警策自己办事公平。

他不辜负民心，民心也没将他遗忘。

不信你看，秋风亭上，纸灰化作白蝴蝶，数百年至今，翩跹不息。

于是，我想起了他脍炙人口的诗句："波渺渺，柳依依。孤村芳草远，斜日杏花飞。江南春尽离肠断，蘋满汀洲人未归！"

魂兮归来，寇准先生！

香　溪

如果昭君不曾在这儿梳头浣衣；

如果昭君也和他人一般向世俗低眉；

香溪，你可能永世默默无闻！

那画师的诡计，那和番的情节，那大漠的风烟，那凄清的胡笳，那汉皇的遗恨，那美人的悲欢，全已消亡，成了静静的历史，成了夕阳下的牧歌和传奇……

但你活着，永远地美丽地活着，莹碧如泉，温润如玉！和浑黄的大江，一清一浊，恰成鲜明的对比。

在你身旁，"乡人念昭君，筑台而望之。"

何止乡人怀念昭君？天南海北，去去来来，两千年无数的脚印，足以把百千个昭君台踩平！

然而昭君台依旧，你澄明翠绿依旧！

香溪，香妃不死的魂灵！

香溪，体察世态人情的明镜！

秭　归

据说这里是屈原的故乡。

江边，弧形的石城墙下，有三闾大夫的衣冠冢，埋着衣冠，也埋着《橘颂》……

屈原喜欢凤凰、美人、香草，怀王喜欢鸱雀、妖姬、箅蓬。

屈原的命运在怀王的手心里。

于是，被疏远、被孤立、被放逐，便成了屈原无可抗拒的命运。

据说那一天屈原要被流放他乡，贤惠的姐姐流着泪赶来相劝，要他放宽心，莫伤怀，努力加餐。从此此地名秭归，从此屈子孤零零愁戚戚攀山溯水而去，从此他"哀郢""涉江""抽思""怀沙"，从此他不曾回家乡！

一代忠魂，从此沉没在汨罗江！

秭归的柑橘，从此成了"后皇嘉树"，成了正直纯洁芬芳，成了天下人的向往，也成了棠棣之花的文章。

秭归城从此成了画，成了诗，成了千古名胜，成了天长地久氤氲不散的歌唱……

白帝城

秋风兮袅袅，古城兮依依！

关于你，那些流传了多少个世纪的故事，从前在书卷、在梦乡、在遥远的思慕中,如今在脚下、在眼底、在黄昏的江声和猿语里……

两千年前,便说这儿有白龙出井,惹得地方官乐滋滋急忙自称"白帝"又大筑城池。

后来有一部《三国》写刘备白帝城托孤,热闹闹沸扬扬街谈巷议千秋万代直至今日。

后来又有"孟良梯"言之凿凿的古迹,将山间断崖绝壁上那百丈云阶,附会了《杨家将》好汉虚虚实实的种种传奇。

后来,李白、杜甫、白居易、刘禹锡、范成大、陆游、苏轼、黄庭坚……墨客骚人一个个、一群群慕名而来,避难而来,走马观花而来,结舍山居而来……于是有了"无边落木萧萧下,不尽长江滚滚来",有了"两岸猿声啼不在,轻舟已过万重山"的千古绝句,于是,你从此荣享"诗城"这飘逸浪漫、倜傥不群的芳名俊誉!

后来,那大将军冯玉祥眼见异邦入侵国土沦陷,心潮难平,在城下的夔峡题刻了"踏出夔巫,打走倭寇"的摩崖巨碑!

东川游击队首领彭咏梧慷慨就义,留一册《红岩》辉耀神州大地。于是那轩辕正气便弥漫你的藤萝春月芦荻秋絮,你的风风雨雨、山山水水……

告别你,几番欲行又止……

秋风兮袅袅,我心兮依依!

小女无才,写不成子美《秋兴》,写不成梦得《竹枝》,写不成义山《巴山夜雨》,挥羊毫展素笺,写一个"心"字——

留在夔门,留在川江,留在白帝古城!

一九八六年

迷人的诗魂

——绿岛赋

在祖国的东南海疆，有一个迷人的小城。她凌立于碧波之上，像玉盘中一茎婷婷的水仙，像翠湖里一朵妩媚的睡莲，像一只掠水的白鹭，像一艘彩色的楼船。"卷帘遥岫层层出，望海轻帆片片悬"，写的是这个海岛天然潇洒的风韵；"厦庇五洲客，门收万顷涛"，说的是这个城市宽广豪放的胸怀。她，就是厦门。

花之岛

厦门，这"春来春去不相关，花开花谢何日了"的亚热带名城，一年四季，抬头是绿，低头是绿，人们生活在绿的空气里，不知道大自然有冰欺雪扰。所以，人们称之为"绿岛"。

隆冬时节，从凛冽的风雪里远道而来的北国游人，踏进小城，只觉得眼前陡地一亮：那墨绿的相思树、碧绿的椰树、猩红的玫瑰、粉红的蔷薇、淡黄的蜡梅、金黄的菊花、艳紫的三角梅、雪白的茶花……姹紫嫣红，或长街迎客，或墙头招手，或小院窥人，或幽窗弄姿，真是遇目成色、入鼻皆香。人们只觉得置身于春风里，自己也变成这南国花城中的一株树、一朵花了！

涉足厦门的旅人，都不会忘却那给人以美好精神享受的亚热带植物园。这里包罗了松杉园、棕榈岛、玫瑰园、兰花圃、龙眼荔枝园等二十几个专类园和种植区,培育了三千多种奇花异草、佳果美树。这儿有被外国学者奉为至宝、被人们称之"活化石"的珍稀植物水杉、银杏;有世界三大观赏树——中国金钱松、日本金松和南洋杉;有非洲旅人蕉,印尼糖棕、牛蹄豆,巴西咖啡树、红果,西印度箬棕、大王椰;有直径两米、世界称奇的王莲;有数百种千姿百态、名噪海内的热带仙人掌;这儿有产于我国而传遍全球的十大名花,还有来自非洲的天竺葵、鸡冠花,来自欧洲的金鱼草、仙客来,来自美洲的长春花、月下香,来自南洋的白纸扇、狗尾红等等;至于那"移花接木千里外,雕山塑水一盆中"的万千盆景,更是任你妙笔生花,也描摹不尽。真是名花异卉,争娇夺艳,万紫千红,荟萃一城。

海之城

这芬芳绚丽的花城更引人入胜的地方,还是那变幻万千、神奇莫测的大海。既是壮怀激烈、呵气成虹的伟丈夫,又是含情脉脉、风流蕴藉的俊女子;旷达、深沉、气象万千又缠绵悱恻、侠骨柔肠;给人以美的陶冶、诗的灵感、哲理的启迪、奋斗的楷模——这,就是厦门的海。

厦门的海,最令人依恋的是港仔后的海景,那是天地玄妙的造化。

厦门有鼓浪屿岛,岛上有山名曰日光岩,平地崛起于港仔后海湾。登上日光岩,只见远山浓黛,近水柔蓝,水天相衔,轻鸥点点,风帆飘浮其上,日月沐浴其中。大潮来时,长风鼓浪,波推涛吼,有如千军万马奔腾呼啸而至，这是气势磅礴的"白马潮"，望之令人血沸心热，豪情荡胸。难怪当年民族英雄郑成功要选择在这儿操练水师了。

下日光岩，步入多少中外游客为之流连忘返的菽庄花园。那里，错落有致的亭台楼阁、伟岸俊逸的红棉翠椰和芳香迷离的花廊曲洞姑且不说，仅它的依山偎海，园浮海上，海蓄园中，就够令人叫绝。在"春江潮水连海平，海上明月共潮生"的夜晚，上下天光，一碧万顷。立"听潮楼"上，倚"小兰亭"畔，眼见轻纱笼海，数叶扁舟神游空蒙；耳听细浪吻沙，一脉幽思，因潮起落。春风过处，钢琴声声，琵琶缕缕，柔曼的舒伯特小夜曲、优雅的《梅花操》……穿山渡水而来，使人觉得"此曲只应天上有，人间能得几回闻"？园中，那"长桥支海三千丈，明月浮空十二栏"的四十四曲桥，游人们或静坐、或漫步、或骋目清思、或和涛微吟。彼时彼地，天、地、人似乎融为一体，迷幻中令人有羽化登仙之感。遇上风雨交加的日子，大雨落则白浪接天，如张羽煮海；细雨飘则水晕墨染，似西施浣纱。比起风和日丽之时，更有一番缥缈空灵的神韵。

智慧之乡

厦门，堪称地灵人杰。这里是明末清初著名民族英雄郑成功为收复台湾而厉兵秣马、挥师东征的地方；这里是我国近代反抗侵略、以身殉国的爱国名将陈化成将军的故里；这儿是捐资千万、毁家兴学、名扬中外的爱国华侨陈嘉庚先生的桑梓；这儿是世界乒坛冠军郭跃华、世界羽坛冠军栾劲、世界跳高健将倪志钦和亚洲田径明星郑达真的故乡，是蜚声宇内的钢琴家殷承宗、许斐星和我国知名作曲家李焕之的家园；这儿有世界闻名的数学家陈景润、中国著名化学家卢嘉锡和经济学家王亚南学习和工作过的厦门大学；这里风光如画的鼓浪屿是举世皆知的音乐之岛，这里秀色可餐的集美镇是饮誉四海的著名学村，二点八三平方公里的小镇，竟有大、中、小学和各类专业学校十二所，培育英才遍布全国和东南亚。

今天，厦门是我国四大经济特区之一，触目可见鳞次栉比的高楼、雨后春笋般的万吨泊位、工地上喧闹的人流、大厦里云集的商贾。随着特区建设的兴旺发达，美丽的绿岛，像一颗晶莹的绿宝石，愈来愈引人注目了：华街幽巷，随处都有外宾、华侨、港澳同胞、台湾同胞；来自祖国四面八方的知名艺术家，描绘这儿的碧海青山，抒写这里的风土人情，歌唱这儿的沸腾生活。

厦门，未曾走访的人们，常常怀着一片神奇的憧憬，曾经来游的客子，往往留下一缕痴情的相思。这，不只是因为她那充满亚热带风情的花容海色令人倾倒，更惹人眷念的，还是创造了丰富艺术文明、精神文明和物质文明的人民。像花一样朝气蓬勃、像海一样豪爽多情的厦门人民，他们赋予这里的一山一水、一草一木以醉人的诗情。所以，这里的鲜花和大海，这里的生活和斗争，一切都是诗。

永恒的春天、神奇的大海、智慧的人民构成了绿岛瑰丽的诗魂。远方的客人，你们能不向往这迷人的诗魂吗？

一九八二年五月于厦门

长城留墨

　　当我还是个梳着双抓髻的小姑娘的时候，在遥远的南洋，夏夜的星空下，外婆常娓娓地向我讲述孟姜女千里寻夫、哭倒长城的故事。从此，祖国古老的万里长城，就蜿蜒在我心头……

　　后来，我远渡重洋回国求学，历史教科书告诉我：东起鸭绿江，西至嘉峪关，跨群山，穿莽原，横瀚海，连绵万余里的长城，是炎黄子孙用智慧和血肉砌成的防御外侮的屏障。这时候，英武不屈的长城，便成了我神往的圣地。

　　十来年间，也曾几度涉足京华，与长城近在咫尺，却因匆匆来去，总无一面之缘。

　　癸亥十月，重来京都，清风艳日，秋容如拭，正是旅游的黄金时节，又有山东友人做伴，我终于实现了壮游长城的夙愿。

　　那一天，车出北郊，沿途金灿灿的原野，就像刚刚分娩的母亲，丰满而娴丽。车窗外闪过一树树绿中晕黄的垂柳，一挂挂红灯笼似的柿子，一朵朵白里透蓝的流云……这幽艳的秋啊，竟有如江南的娟秀妩媚了！

　　想不到，过了南口，便见巍峨关城拔地而起——居庸关赫然入目。粗犷磊落、红叶流丹的燕山山脉，画轴似的迎面抖开，游龙般的长城也断续可见了……我的心一下子膨胀起来——多壮丽啊，这伟丈夫一般的北国关山！难道，我梦寐向往的圣地，就在眼前？

车子款款地逼近八达岭。我们下了车，往高处一站：不得了！各式各样的车辆，像美丽的儿童积木，把八达岭车站拼成了一座五彩缤纷的宫殿。游人成群结队，摩肩接踵，如上疆场，如赴盛会……我和同伴，随着大河般的人流，沿秋阳下漫漫的长城古道，涌向飘浮在白云间的烽火台！人群里，有鬓发如雪的古稀老汉，有手扶拐杖的小脚大娘，有活泼的"红领巾"，有神气的大学生，有欢度蜜月的幸福伉俪，有风尘仆仆的外省旅客，有碧眼黄发的异国朋友，有浓妆艳服的海外归侨……"路漫漫其修远兮"，大家谈笑着、扶携着、奋争着，抹着汗水、喘着气，一步一步地向高高的长城攀登。

世上的山川人事，往往有"盛名之下，其实难副"之弊。长城，却比传说的还要雄奇峻伟百倍！手抚高近八米、宽约六米的厚实坚固的城墙，越过间隔有序、山风呼啸的座座垛口，远眺高踞崇山峻岭之巅的烽火烟墩，我不能不被长城的磅礴气势征服了——纵使人间真有如椽巨笔，恐也描摹不尽它的风姿气派！

我登上耸入碧霄的烽火台，重重关城，尽在指顾之间。如果说居庸关是古代北京的大门，八达岭便是一把不锈的铁锁。这里一夫当关，万夫莫开，怪不得岭上西关门额题着"北门锁钥"四个大字！我鸟瞰莽苍苍的群山，只见危岭深沟，跌宕起落，有如大海波涛汹涌。而长城，便是腾挪于边塞群峰众谷间、游弋于历史洪波大浪中的一条硕大无朋的蛟龙！

"伟哉，长城！想当年，狼烟报警、千里烽火，该是何等壮观！

这样的重关险隘，即便千兵万骑，铁甲金盔，也难飞越呀！"

"不然！明代长城修葺最好，塞内塞外城堡如林，结果也挽救不了灭亡的命运！"同伴打断我的感慨，他是学历史的，滔滔地谈起崇祯十七年李自成率部直下居庸关、农民军乘胜攻进北京明朝覆灭的往事。

"的确，天时不如地利，地利不如人和！陆放翁有'塞上长城空自许，镜中衰鬓已先斑'之叹，其实，没有清明的政治，纵然长城万里，固若金汤，依然免不了内忧外患。"我对同伴说。

说话间，山坡上人群扰扰，纷纷四散往附近采摘红叶去了。

一位随老师来秋游的小学生，看了看我手上红、黄、绿颜色驳杂的叶子，说："阿姨，给！我的比你好看。"说着，从一束鲜亮的红叶里抽出一枝。

"给！我们的红透了。"一位新婚少妇，从丈夫手中为我匀出红艳夺目的一枝。

我很高兴："小朋友，谢谢你分给我朝气；姑娘，谢谢你分给我喜气！"

话音刚落，一位童颜鹤发的老学者，也笑呵呵地递过一枝深红的叶子："我再添上一枝，你该不会分了我的暮气？"

我忙接住："老师，你这么大岁数了，还登上长城，真是'烈士暮年，壮心不已'，我从您身上，分得了一脉豪气！"

大家听了，全放声大笑起来。

忽然，同伴拉住我，指了指前面。我抬头一看，原来是一位年轻妇女，抱着婴儿，正认真地一步步上山来，秋风把孩子火一般绚烂的红斗篷高高扬起……

啊！中国长城上，一片最鲜最美的红叶！

一位满头银丝的法国老太太，拿起照相机，"咔嚓"一声，摄下了这动人的镜头。

夕照里，花团锦簇的八达岭，仿佛春花开遍；歌声、笑声、呼唤声，恰如百鸟和鸣——长城上，秋光如画，春意盎然！

谁能想象，这里曾经朝朝代代流传着催人泪下的《长城怨》？那寒鸦衰草、胡马铁蹄，那城头哀角、荒原白骨，那秦时明月汉时关，那断肠深闺征人泪，还有，我心中那眷念不忘的孟姜女……都已化作塞上风烟，如今哪里去寻一点陈迹？

盖世无双的万里长城呵，据说从九天外俯瞰地球，最清晰可见的只有亚马孙河和你。可是，从秦至今，你这历经几十个王朝、两千多年悠悠岁月的伟大工程，岂曾保障过一个民族的安宁？想想八国联军攻陷天津北京，那拉氏携光绪皇帝西逃，经八达岭时回望京都的情景，有志气的中华儿女，哪一个不悲愤填膺？而今，浩浩长城早已失去它防御外患的历史功能，而我们饱经沧桑、历尽浩劫的中华民族，却自强不息、顶天立地、生气勃勃地巍然卓立于世界东方！登临长城，抚今思昔，叫人怎能不心潮荡漾、热血沸腾？

"长城是属于世界的！"下山时，同伴说。

是啊，长城是属于世界的！你看，不同年龄、性别，不同籍贯、职业，不同民族、国家的人们，都在这里集结。日日月月、岁岁年年，一批人走了，一批人又来。世界上古迹星罗棋布，只有你——长城，能永久地占据着人类的心灵！如果问我，长城为什么具有这般神奇的魅力？那便是：凡来游长城的人，都能站在各自的角度，找到积极向上的启示——

有人从秦砖汉瓦，窥见中国文化的源远流长；有人从铜城铁堑，惊叹中华儿女的坚毅刚强；有人从岭上红叶烂漫，记取千秋志士碧血；有人从边塞牛羊往返，赞美今日各民族的团结……

而我，从雄视千古、举世瞩目的万里长城，进一步看到了民族的尊严、民族的自信、民族光辉灿烂的智力。我庆幸自己——一个海外赤子，找到了人世间最美好的归宿——找到了我的拥有伟大文明的祖国！

一九八三年十月

江州行

　　九江，古称江州，据庐山，扼长江，拥鄱阳——弹丸小城，坐拥名山大川；区区埠头，云集天下商贾。这江南重镇，百般风景，千秋繁华，兵家必争，才人荟萃。因此，千百年来，江州舞台上，上演过多少金戈铁马，江湖林泉间，流传了无数名家轶事，惹得朝朝代代墨客骚人，翘首相思，远道来游。

　　我爱江州，自儿时读唐诗起：

君家何处住，妾住在横塘。
停船暂借问，或恐是同乡。

家临九江水，来去九江侧。
同是长干人，生小不相识。

　　你想，这样清丽的山水画，这样淳朴的儿女情，能不叫人喜欢吗？

　　后来读文史，知道这驰名九州的江城——甘棠湖上有周瑜大都督的点将台，城里有小乔美丽的梳妆台，城北有刘邦手下大将灌婴开凿的风起云涌的浪井，城南有唐朝江州刺史李渤建造的流芳百世的思贤桥，附近的湖口有苏东坡月夜探访留下佳作的石钟山……这些脍炙人口的历代风物，能不令人神往吗？

然而，茫茫神州，名胜古迹多如星斗。倘若江州只有这一切，倘若没有那颗辉耀唐代文坛的明星，在江州留下了千古名篇《琵琶行》，也许，她不会令我如许倾心——

啊，白司马，为你的青衫泪湿，为你的琵琶歌魂，我千里来觅浔阳古城！

司马，你江滨送客，正是深秋；我今日来游，恰恰初夏。不见满江萧瑟芦花，却有一城新绿梧桐……

我在高高的江堤上漫步，夕阳的余晖里，浩浩荡荡的长江波光灿烂，簇簇浪花有如朵朵盛开的金蔷薇；江上有悠然自得的点点鸥鸟，有风流潇洒的片片白帆；码头上，来往上海、武汉各地的汽轮或已启航，或正要靠岸。隆隆的轮机声，缓缓的汽笛声，熙熙攘攘的旅客，哗啦哗啦的江水，广播器婉转悦耳的女中音，收录机柔美动听的轻音乐，还有小贩叫卖水果、冰棒、零食的吆唱，放了学的孩童游泳、戏水的喧闹……真是百音俱全，形成了一支热烈欢快、颇有气派的大江交响乐——

难道，这就是当年白司马凄然欲绝的"杜鹃啼血猿哀鸣"的浔阳江头吗？

我走上江滨大道，下班的人群潮水般涌来。商店里的商品琳琅满目，美不胜收。我走过每一摊商贩，人们都用热情和微笑招徕我。特别是姑娘们，她们的笑靥如同她们鲜艳的夏令衣裙一样绚丽迷人。

在一家陶瓷店里，一位文雅俏丽的女营业员知道我来自厦门，分外高兴，热心地为我挑了一对景德镇细瓷梅花鹿，笑眯眯地说："九江傍长江，厦门靠东海，她们是姐妹城市；我们呢，都是大江大海的儿女。"多富有诗意的语言，多美好的长江女儿！

啊！繁华的江州，好客的江州，智慧的江州——这就是白司马穷愁卧病、"黄芦苦竹绕宅生"的浔阳城？

我在长街彳亍而行。历史和现实，像一个个电影特写镜头，在我脑子里交替映现。不知不觉地，江州把一片绿翡翠——甘棠湖，奉献在我眼前……

江州司马，我惊喜又惆怅地沿玲珑曲桥，走进湖中以你"别时茫茫江浸月"诗句命名的"浸月亭"——

据说这是九百多年前你贬谪江州时留下的胜迹。可是，朝代更迭，几经兴废，如今这画栋诗廊、如翼飞檐的风雅大观，却是二十世纪七十年代人民政府重新修葺的政绩了。

司马，你我来此，都在月夜。如水的月光里，我依稀可辨亭柱上的对联：

一亭直锁湖心月　双剑横磨水面风

不问石砚羊毫　一样染成烟雨景

且把玉壶雀舌　几番吟到月浸亭

诗联清新飘逸，为山水亭台生色。我把栏驰目，对岸，雄奇俊秀的庐山五老峰直奔眼底；亭外，甘棠湖湖波空灵似梦。南风徐来，波声如诉。一轮皓月，在庐山顶云游，在甘棠湖沉浮……司马，我为你检点遗踪而来，可是，此时此际，景物、情思俱佳，我实在无法体味当年你孤寂落寞的情怀！

忽然，有阵阵丝竹弦管之声，随湖水缓缓流过。我不胜惊诧——司马，莫非你笔下的歌女，慕我多情，特意显灵赠我一曲《琵琶行》？侧耳细听，却是黄梅戏《天仙配》的唱段。询之路人，方知隔江为黄梅镇，是黄梅戏"产地"之一。每到夜间，江州两岸，家家弦管，户户歌吹……正与路人问答间，便有小舟载歌翩翩而来：

年轻的朋友们，我们来相会。荡起小船儿，暖风轻轻吹。花儿香，鸟儿鸣，春光惹人醉。欢歌笑语绕着彩云飞！……

伴着朝气蓬勃、玉润珠圆的歌声，湖滨飘来了杵声和一群洗衣女子又甜又脆的笑语声……

啊，司马！这就是你哀哀咏叹"终岁不闻丝竹声"的江州古城？

你在哪里呢？司马，我细细寻觅，却找不到你的足迹，找不到你的诗句……

依依地离开了浸月亭。度柳穿花，回到了距亭不远、傍水而筑的南湖宾馆。

月明如昼，思绪如泉，我无法入寐，倚在宾馆前面的湖畔石栏上乘凉。有江州友人来访，交谈间，我为江州今日已非白居易当年感慨不已。

司马，我来江州，为你洒一掬相思泪——您用自己饱蘸血泪的春秋笔，写出了人民心灵的呼唤，你不愧是中华民族伟大的诗人！

司马，当年你到浔阳江头，听到了人民悲苦的呻吟；今天我来浔阳江上，听到了人民欣悦的歌唱。我们听到了人民的心声——这人民的心声，便是世上最美丽的歌魂。

啊，我不远千里，来觅知音。在江湖形胜、青春焕发的江州古城，在云山如画、古趣新姿的浸月亭，白司马，我寻到了你的脚印，寻到了我心中的歌魂！

吐鲁番的月亮

有一轮月亮，照在我的心上——那一轮永不亏蚀、永远丰盈的吐鲁番的月亮呵！

车过达坂城

达坂城的石路宽又长哎，

西瓜大又甜。

那里的姑娘辫子长哎，

两个眼睛真漂亮！

......

我曾经千百次地唱过这支歌，这支充满民族情调的、流溢着爱情和丰收喜悦的吐鲁番民歌……

如今，当颠簸的大巴士沿着如同锯齿形篱笆的银色的天山，驶近达坂城，我的视力所及，是漫漫的戈壁沙原，是河谷里被秋风染黄了的红柳和胡杨……啊，达坂城的姑娘，我心中的狄丽板儿（美人），你在哪儿？

忽然，一辆披红挂绿的彩车，缓缓地驶过来。欢乐的唢呐、手鼓、热瓦普，簇拥着一位娇艳的新娘：弯弯的秀眉像初月，闪闪的明眸像星星，羞红的脸蛋是初升的太阳。我忘情地喊起来："阿娜尔古丽！热娜·阿依古丽！①"

新娘撩开半透明的面纱，朝我妩媚地笑了笑，我们的车子错毂而过了。

她的新房将安置在何方？

那里像不像这儿水丰草旺？

她就要离开生养她的阿吾勒，

去到那人生地疏的异乡……

远远地，传来了一位哈萨克族老人低沉浑厚的歌唱——那是《婚礼歌》"森斯玛"中的一段。

我想，莫不是眼前的美满姻缘，使他回想起当年远嫁他乡的情人？

街 头

古尔邦节的吐鲁番街头——

到处是金子般的哈密瓜、翠玉般的西瓜、珍珠般的葡萄；到处是鲜红的绣花小帽、雪白的袷袢、五彩云似的衣裙；到处是深情的都达尔、快乐的卡龙琴、欢腾的麦西来甫；到处是香脆的馕子、芬芳的砖茶、诱人的羊肉串……

---

① 阿娜尔古丽、热娜·阿依古丽：新疆女孩的名字。

啊，粗犷、单调的大戈壁，你拥有一位多么俏丽动人的女儿——吐鲁番，我这来自南国的客人，深深地被你迷住了！

对于我，这里是真正的异乡，只能凭借衣着和歌声，去分辨维吾尔族、蒙古族、回族、乌孜别克族、塔塔尔族和哈萨克族人；只能凭借手势和眼神，去体味小伙子的探询、老大娘的祝愿……

我想找一个落脚的地方，一位回族青年把我领到宾馆；一位蒙古族姑娘，为我端来一碗马奶酒；一位维吾尔族"小巴郎"（小男孩），递给我一牙金灿灿的"网纹香"……

我不知道该说汉语的"谢谢"，还是维吾尔语的"热合买提"……我不知道该怎样表示我心中的感激和欢喜！

啊，对于我，这里也如同故乡一样，有香甜的瓜果，有淳美的风俗，有亲人的温情！

在这里，叫人渐渐模糊了地域和民族的差距……

中秋夜

圆满的中秋月，多像金色的馕！

皎洁的月光，给端庄的博格达冰峰披上柔媚的新装。

富于新疆民族风味的宾馆葡萄架下，蓝眼睛的法国女郎和当地最美的姑娘古丽仙，一起翩翩起舞，诙谐的威尔茨先生踏着拍子喊："好，吐鲁番！"

一位活泼可爱的"小克孜"（小女孩），蹦蹦跳跳地端来刚摘下的葡萄，娇憨地故意朝我眨眨眼："马奶子葡萄甜不甜？"

哎，这还用回答吗？听一听客人的笑声就明白了！

虽然，夜像流蜜的黑葡萄，我却想起了遥远的家园。一年一度中秋节哪，谁人不思乡？

克里木悄悄地走近我身旁，轻声说："让我陪你上额敏塔散散步吧！"

月光下，额敏塔像一只巨大而古雅的花瓶，端端正正地摆在黄地毯似的大戈壁上。面对这汉族、维吾尔族一家的见证，我怦然心动了：啊，克里木，他不就是我的兄弟吗？

我遥望塔尖："下回再来时，我要采些家乡的凤凰花，插在她的'瓶口'上！"

克里木连声道谢："亚克西！热合买提！"

远处，一串悠扬的羌笛，伴着戈壁秋风，飘进我的心里……

莫哈拜特

欢乐的舞会上，谁在唱着青海的"花儿"……

哦！是他——亚夏，一位支边多年的"知青"。他乔装女声的假嗓，逗得人们大笑不已。

俊俏大方的西蒂走上前去，"来，来一个维吾尔族舞！"

她旋开荷叶似的舞裙，伴着琴声，踩着鼓点，和亚夏双双跳起来了。

谁相信他们是地道的汉族？他们的维吾尔族舞跳得如维吾尔族人一般熟练、轻盈！

亚夏会说话的眉毛漾着笑声，西蒂能勾魂的眼睛燃着火苗——所有的眼睛，全望着这一双传情的眉眼……

这是两朵迟开的玫瑰呵，二十年的黄沙卷走了他们的青春，戈壁滩却回赠他们美果香馕，还有金子也难买的"莫哈拜特"——爱情！

啊，莫哈拜特——戈壁滩上馨香醉人的花朵、照耀人生的永不陨落的星座！

走进神话

谁不知道《西游记》里的火焰山呢？——"有八百里火焰，四周寸草不生，若进得山，就是铜脑盖，铁身躯，也要化成汁哩！"——可那是神话呀！

眼下，这蜿蜒几百里的丹山赭岭，熊熊烈火似的，一派红光逼人、烟云弥漫。这，却是真正的火焰山！

我走进神话里来了！

这儿，雨珠还没落到地面，在半空中早就蒸发干了；这儿，沙里能焐熟鸡蛋，热风能烫伤人——怪不得人们叫它"火洲"！

啊，这样酷热、荒凉的地方，怎能有生灵、有农田、有活的希望？

哪里去寻找铁扇公主的芭蕉扇？

然而，就在这里，我亲眼看见花园里生长着鲜嫩的蓝菊花、火红的石榴，看见山坡上雪白的羊群悠然地踱方步，看见架上花布凉棚的小驴车，坐着卖西瓜的艳丽的维吾尔族小女孩……

更有人间奇景哩！

就在火焰山下，有一条绿色的长廊，清泉涓涓流，游鱼戏碧波。琐琐葡萄、无核白、马奶子……一嘟噜一嘟噜挂满枝头！

我走进神话里来了！

葡萄园里飘出一群仙子般美貌的姑娘，说说笑笑地把一篮篮丰收和喜悦献给远道而来的游人……

我忽然领悟了：她们灵巧的双手，不就是征服火焰的芭蕉扇？

啊，孙大圣，倘若你再度西行，火焰山下的葡萄沟，便是你最好的歇脚凉亭！

古　城

这就是交河古城吗——黄土垒成的奇迹！

风用它的神刃，把那断墙残穴，切削成无数美不胜收的风景：有春笋插天，有横戈倒戟，有小鸟交吻，有双羊相舐，有桂林的独秀峰，有巫山的神女……

城西高大的官府衙门，还有宦家的遗威？城东低矮的手工作坊，还有小民的炊烟？啊，地老天荒，古城的一切，全默默无声！

我在汉代的房舍里小坐，我在唐朝的街道上穿行，看见古井绳槽还在，里巷焚迹犹存。啊，古城的一切，都纷纷告诉游客：两千年的沧海桑田、朝代兴衰……

清寂、安谧的古城，静静地卧在吐鲁番九月的黄昏里。那一种神秘、古朴、凄迷的美丽，使我想起了古丝绸路上的熙熙攘攘的商贾、僧侣，想起了汉代戎马倥偬中匆匆来此的名将班超，想起了唐朝万里远嫁这儿的汉族公主，以及玄奘洒泪交河、西游印度的种种传奇……

这时，几位日本、西欧来客，兴冲冲向我走来，不绝口地赞叹这美妙的历史遗迹，手中的镁光照相机闪烁不已！

我感到一种博大的骄傲——啊，我的聪敏、智慧的祖先，您为世界留下了多么神奇、美好的造物——这千古不朽的史诗！

红柳河今昔

传说，这里原来是一片荒凉的大漠。

只有一片零落、凄凉的红柳。

来一阵铺天盖地的风沙，便把一切生命全埋没……

今天，我来到这儿——

看见苍鹰在碧绿的果园上空低低盘旋；两排笔直的白杨，在宽阔的大道远方，汇成一个句点；片片雪白的棉铃，被夕阳镀成金黄；沉沉暮霭里，葡萄美酒逸散着芳香，一群群农场职工下班了，自行车像鸽子一样飞翔……

广袤、富足的土地呵！难道关于过去的传说，纯属虚妄？

啊，不！二十几年前，有一批来自东方的好汉，把汗、血、青春和爱情，全献给戈壁滩！你问一问残存的地窝子，问一问旧时开荒的镢头，问一问老军垦手心硬硬的死茧、额上弯弯的皱纹、头上星星的白发，他们全会深情地向你诉说，诉说当年的苦泪和欢歌！

我穿过一大片秀丽的河谷。那里，绿色的草地上，穿红衣的维吾尔族女儿正在打水，无名的小河汩汩地从她身旁流过，大白鹅穿过丛丛野蔷薇、嘎嘎嘎地唱着歌……我看见每一个庭院，都有一架鲜葡萄，每一个二十岁的维吾尔族女子，都水灵灵、甜蜜蜜地像"马奶子""香梨黄"！

啊，红柳河，多少颗不屈的心，多少只伟大的手，造就了你这片迷人的绿洲!

我想去寻找一位昔日的创业者,听一听他关于未来的思索……

别

大河沿车站,依依的我,依依的你,话儿哽心头,相看两无语……

就这样分手了吗?我的火一般赤诚的火洲友人——

相聚的时光太短了,相逢的日子待何年?

啊!关于天山,关于大漠;关于葡萄、哈密瓜和麦西来甫;关于红柳河的创业、老军垦的悲欢;关于"火洲"的新蓝图、大西北的未来;还有,那令人销魂的木卡姆音乐、叫人爱恋的吐鲁番姑娘;还有,你驱车迎接我时那欢畅响亮的笑声、举杯为我饯行时那惆怅黯淡的目光……难道,这美好的一切,很快地,只能成为梦中的情景?

你按维吾尔族人的风俗,轻轻地吻着我的额头,说:"别忘了,明年九月,瓜果飘香的时候,再来这儿!"

灯光下,一颗金色的泪珠,滑过我的腮边,沉沉地落在戈壁滩上……

一轮满月,伴我离开了富饶、美丽、多情的吐鲁番!

啊,明年九月,我怀着希望……

难忘三亚

我出生于南洋，对于热带风光，有一种本能的向往。

今年初夏，我来到祖国最南端的古崖州三亚市。那一片五彩斑斓、绚丽多姿的土地，真叫我目眩心醉，流连忘返！难怪近年来莅临这南疆滨海名城的外宾、华侨摩肩接踵，不绝于道。而盈盈一水、隔海相望的香港客商，对她尤为青睐，正积极筹划来这儿建设一个迷人的"海上世界"，以招徕五湖四海的游人……

小 景

这里，太阳把温情无私地分配给每一个季节；这里，大海用忠诚的臂膀，环护着座座开花的庭院，丛丛流绿的香茅、胡椒、菠萝、可可、甘蔗……街头袅娜的槟榔，多像这儿美目流盼的少女，满城挺拔的椰树，是这儿潇洒伟岸的儿男……入夜，好一轮海南月，悬在棕榈树梢，有屐声踢踏踢踏，自近而远，是黎姑苗妹去会情郎吗？镇上新、马、泰、菲、缅各国归来的游子正欢乐地相聚，小小夜店，有热咖啡浓烈的芬芳和吉他柔和的浅唱。深街曲巷，飘闪着花裙、筒裙、布拉吉、纱笼……回荡着迪斯科、粤剧、椰岛民歌、土风舞曲……

热烈、明媚、多色彩、多声部的生活啊！

人在天涯

曾读马致远《天净沙·秋思》："枯藤老树昏鸦，小桥流水人家，古道西风瘦马，夕阳西下，断肠人在天涯！"想想那天涯极地，该是何等的凄凉肃杀！

可当我来到距三亚市区仅二十公里的天涯海角，一下车，眼前便出现了一片纯净明丽的蔚蓝世界，而轻柔的浪花、翻飞的鸥鸟、交错的明礁、近处采贝壳的游客、远山那一抹虚空，全成了这蔚蓝世界和谐的点缀和衬托。有一种明朗而纯洁的愉悦，涌上我的心头。我想，不管您有多少忧愁烦恼，来到这儿，在广博的大自然面前，在浩瀚的天与海之间，一切都会被净化，一切都会化为乌有……

仰望海边那竹笋般拔地而起的巨石，上面镌刻着清雍正年间崖州知州程哲的手笔"天涯海角"，我自然而然地想起曾经来此帮助修建大云寺的唐代高僧鉴真，想起宋末元初在这里生活了三十个春秋的棉纺织的布业始祖黄道婆……当然，也想起历代流放来此的贬官谪宦和一代"诗翁"苏东坡，想起唐朝李德裕"一去一万里，千知千不还，崖州何处在，生度鬼门关"的诗句……

同是天涯，江山依旧，岁华更改，情怀迥异，历史的功过，千古的悲欢，已如同森森逝水，了无痕迹，在我心中，留下的只是一片和平、宁静、悠远的情韵和无拘无束的自由！

鹿回头之晨

据说，从前五指山下有一位勇敢善良的黎族青年猎手，有一天在丛林里发现一只惊慌奔跑的美丽的小花鹿，猎手紧追不舍，直到南海之滨，小花鹿面临绝境，含泪回头求猎手手下留情。待猎手走上前去，小花鹿忽然变成一位妙龄秀女。后来，这一对少男少女结为夫妇，男耕女织，世代繁衍，渐成村落，从此，人们便将此地叫作"鹿回头"。

烟花三月的黎明，鹧鸪声声里，分花拂柳。步出宾馆，门外，便是闻名遐迩的鹿回头海滨，椰林如画的海湾，沙明胜雪，沙滩上星星点点地散落着一种不知名的黑色海藻，黑白相间有如清丽的几何图案，绿汪汪的海面微波不兴，水清如镜。这时，明晃晃的旭日从海中浮起，阳光照在对岸起伏的山峦上，山色由曙前迷蒙中的铁灰变为粉蓝、玫瑰红、金黄，然后是一派青黛。海边婀娜的椰子林，竟奇迹般地出现七色的彩虹，一圈圈如同舞台上扑朔迷离的追光，美极了。海上几艘白色的舰艇，在晨曦的照耀下，也由淡紫而深红，然后转为辉煌的金色。

在这令人陶醉的椰风海韵里，有一种灿烂的情思，流漾在我的血液中，我忽萌奇念，想去寻找那只可爱而神秘的小花鹿……

沿着椰影疏朗的林间小道，我走过一户户繁花绿树掩映的人家，香风袅袅，只听得流水叮咚，小鸟和鸣。三角梅纷披、一品红争娇夺艳的竹篱小院，偶尔会闪出一两位戴镶花头帽、穿丝绸裙裳、晃着红宝石银耳环的苗家女儿，她们见了客人，也不认生，已错肩而过，还回眸对我嫣然一笑……

这迷人的小女子，莫不就是那神秘可爱的小花鹿幻化而成的精灵？

大东海红气球

来三亚之前，便听说城南的大东海，沙白如玉，水清见底，云飞浪涌，浩渺极了，那壮丽的风光，可与美国夏威夷相媲美。

当我千里迢迢来到慕名已久的大东海海滨，她那一片无私的美色，一下子就把我征服了！

我躺在温暖如席梦思的沙滩上，蓝天在我头上，大海在我身旁，帆影青山，或远或近，全在我的视野之间，一时间，我几乎拥有了整个世界……我想，此刻，如果我蒙眬睡去，蓝蓝的大东海，一定会赠我一个水晶宫一般晶莹璀璨的美梦吧！

同行的年轻姑娘小燕，把一个系着鹅黄色飘带、上面写着"大海将带走我永无归宿的歌"的红气球，轻轻地放进白灿灿的浪花里。鲜艳、轻盈的红气球，便随波逐浪，渐飘渐远了……

望着袅袅离去的红气球，我心中若有所失。啊，红气球，它将飘向何方呢？是信风而去，海角天涯，还是烟消云散，归于寂灭？

那一支永无归宿的歌，为大东海留下了一束浪漫的音符，为我留下了一串美妙的思索……

亚龙湾幽姿

世人都说厦门鼓浪屿秀美如画，殊不知亚龙湾，绝代佳人一般妩媚的山水，就其藏幽匿胜而言，实在更胜鼓浪屿一筹。

我们的车子沿着蜿蜒的山道，转入三亚市东北面的海滨，便见一处港湾，有如一面亮晶晶的蓝玻璃，四周银沙，在夕阳耀映下，化作金色的框架，真是华丽极了！

最叫人喜爱的是沙滩上遍布珊瑚礁，雪白、浅绿、淡蓝、嫣红，色彩缤纷，千姿百态的海石花和数不尽的白珊瑚，它们被海浪冲蚀成盛开的菊花、启喙的小鸟、回首的幼鹿、凝眸的玉兔，还有摇曳的水纹涟漪，荡漾的云影波光，真是妙不可言。我如入宝山，手里拣着这个，眼里望着那个，顷刻之间，大囊小袋全装满了。

斜阳慢慢地沉入海心，茫苍苍的暮色给鬼斧神工、奇妙瑰丽的珊瑚礁丛和四周的绿椰，披上一层粉色的轻纱，大自然的一切，变得更为柔和、恬静、含情脉脉。那一种空灵隽永，那一种清丽婉约，那一种超然物外，令人有返璞归真之感。

去年，八十一个国家的学者前来海南考察，初次涉足这美如仙女的亚龙湾，人人心折，个个叹为观止！

亚龙湾，这是一片"养在深闺人未识"的纯洁的海域，随着现代浪潮的冲击，慕名求爱者将越来越多，我能够一睹她的处子容颜，实为平生幸事！

当汽车缓缓地沿海岸线返回三亚市区，我看见一对黎家儿女，正款款地沿着椰叶婆娑的小路，向白玉一般的海滩走去。晚潮，轻轻地唱起动人的夜歌……

离开三亚时，有一丝淡淡的惆怅写意山水般朦胧地袭上心头，啊！如诗如画如梦如幻的三亚，是不是因为你太美丽，担心世俗的妒忌，所以才远离喧嚣的人群，隐居在这遥远的天边海隅？

从我的故乡东海之滨来到这儿，现实的距离委实太漫长了，然而，我的心间，却有一条椰雨蕉风轻拂的短短的小路，它会时时把我的思念，带到天涯，带到海角，带到鹿回头、大东海，带到超凡脱俗、秀美绝伦的亚龙湾，带到黎歌苗舞、四季开花的山庄……

今日一别，何时再相访？可爱的三亚，永难相忘！

麦哲伦岛游踪

我常常怀念麦哲伦岛，对于我，她是一个阳光和月光交织而成的五彩斑斓永不褪色的梦，对于世界，她却是一个真实而美丽的存在。

认识她是在当年秋天应《世界日报》社长陈先生之邀出访菲律宾的时候，好客的东道主在我结束首都马尼拉的访问之后，特地请该报记者吴女士陪我前往菲律宾岛第二大都会宿务参观游览。接风的宴席上，宿务市商界巨子、著名侨领吴先生热情地告诉我："陈小姐，你应该到麦丹去看看，那是个美不胜收的好地方！"

"麦丹？"

"就是麦哲伦岛——世界著名航海家麦哲伦被杀害在那儿！"

啊，麦哲伦岛！多么富于诱惑力的地方！

《世界日报》驻宿务办事处的李先生见我神往之至，立即说："明天我们陪您上麦丹！"

麦哲伦岛离宿务仅二十公里。次日晨，一辆"奔驰"带着李先生、吴女士和我，沿着绿色的杧果大道飞驰而去。远远地，可以望见一片青葱的海域，四周点点渔村如风景素描，一道白色大桥跨海凌空而起，李先生说："这是麦哲伦海峡，过了桥就是麦哲伦岛，岛上以生产吉他为主！"

难怪沿街商店大抵挂着棕黄色的亮铮铮的吉他，柔婉轻快的琴声，飘扬在街头巷尾。商号不论大小，店员一律笑脸相迎，有衣裙鲜艳、体态轻盈的少女晃着宝石耳坠款款地漫步街头，有富态老人拉一匹卷毛巴儿狗横街而过，一份悠然自得的民风，写在街市间。

穿过闹市前往海滨，繁花照眼，椰林夹道，一派浓烈的热带色彩。遥遥地，听得海浪哗然却看不见海。下了车，踏入一栋坐落在茂密椰林丛中的宽敞秀丽、美如童话的酒吧——这酒吧用泥巴树叶搭成，五颜六色、晶莹亮丽的贝壳缀成顶棚，色泽金黄、油光闪亮的镶木地板，精致的竹桌竹椅，檐前吊着金丝草花篮，盛开着各种葳蕤的不知名的花儿。我们挑了一张桌子坐下，容颜姣好的侍应小姐笑容可掬地端来矿泉水，我怀疑自己置身森林之中，忍不住问道："小姐，海在哪儿？"

这位名叫丽莎的侍应小姐嫣然一笑："呶，就在您身旁！"

顺着丽莎的目光，透过酒吧外葱郁的椰林和棕榈丛，可以看见一道道蓝火焰一般的闪光，原来，酒吧建在山坡上，大海就在脚下，无数绿树构成天然的屏风，使美如倩女的大海欲露还藏，撩人情思。

"这儿叫'淡雾里'（TAMBULI）海滩，是全世界最著名的旅游胜地之一！"李先生热情地向我介绍。

呵，多美的名字——"淡雾里"！难怪风景不俗，一见面就有雾中观花的朦胧之美！

我们邻座的日本、美国、法国、英国、俄罗斯、澳大利亚游客，全都神色怡然地喝冷饮、品尝樱桃冰激凌，一个个好不快活，丽莎捧着衬上芭蕉叶的大木盘为我们送来丰盛的午餐——糯米饭团、烤肉、熏鸡、炸马加鱼和鱿鱼、木瓜丝、芒果片等，是地道的异国风味。美景佳肴，令人陶醉。

饭后，步出酒吧，下了山坡，便见漫长的海滩沙白胜雪，天与海连成一片无边无际的蔚蓝，浮云朵朵，不知是游于天边还是落在水面，五彩缤纷的三角帆信风漂流。远处，仙杳罗沙岛犹如一只翠羽斑斓的孔雀，浑身闪烁着一片迷人的金光，沿海湾建有西式别墅数十套，内部装修豪华富丽，一应现代化设施俱全，可房外尽覆泥巴树叶，作古朴状，别具一番乡土风情。辉煌的太阳慷慨地照耀着这里的一切，沙滩上，散置着一座座玲珑可爱的稻草棚，如阳伞，如蘑菇。稻草棚下的绿色沙发上，来自各国的游人或三五一群，或成双成对，或卧或坐，尽情地享受着阳光、天风和海涛的抚爱。

一位碧眼金发的美国朋友走过来，友好地用英语和我打招呼。

一位俄罗斯妇女带着小孩在沙滩上拾贝壳，我把手中一枚乌黑闪亮的虎皮斑纹贝壳送给那位可爱的小男孩，他的妈妈一看可乐了："太美丽了！谢谢！"

一位法国小姐趴在竹制的凉椅上接受日光浴，见我走到身旁，抬头微微一笑又亲切地向我点头致意。

一批又一批的旅行者从世界各个角落汇集而来——在这儿，不同国度、不同语言、不同肤色的人们一起依偎在大自然美好而温存的怀抱里，没有仇恨，没有猜忌，阳光和大海美化了世界，也净化了人的心灵，留下的只是诗和画的心境，以及纯净永恒如白雪、浪花、沙滩一样的友谊！

"麦哲伦纪念碑在哪儿呢？"浏览海色风光不是我来麦丹的唯一目的，勾起我的游兴的首先还是麦哲伦。

　　李先生理解我的心愿，驱车离开"淡雾里"，来到当年麦哲伦葬身的地方。这里，一片辽阔的沙滩缓缓冲入大海，西斜的阳光把海水镀成一片绚烂的金红。令人奇怪的是，海滩上有两座巍峨的纪念碑、两个高大的塑像，同样精美庄严，同样目光炯炯凝望大海，走近一看，前面的墓碑上刻着"麦哲伦"，后面的墓碑上刻着"那不那不"。

　　吴女士从我的眼睛里读出了疑惑，便说："公元一五二一年麦哲伦为探险而登陆宿务，本地土著不肯让他们这些葡萄牙人落脚，于是双方打了一仗，麦哲伦上岸不久就被土王那不那不杀死了！作为举世闻名的航海家麦哲伦，菲律宾人纪念他。作为保卫故乡的民族英雄那不那不，菲律宾人也纪念他。"

　　对于这一历史悲剧——麦哲伦与那不那不孰是孰非，我无法作出评断，然而，想想麦哲伦这位远在十六世纪便勇于横跨大西洋、穿越太平洋环游地球一周，用自己的足迹第一个向全世界证实地球是球体的伟大探险者，为了理想的追求，竟然在四十岁这样风华正茂之年惨死于一个默默无闻的土王刀下，一缕孤魂漂泊异邦，成了这天涯海角催人泪下的永恒的风景，不免令人心绪苍凉……如果说"淡雾里"海滩给人以阳光一般妩媚而璀璨的欢乐，而麦哲伦海滩则给人以月光一般神秘凄清的幽思。悲喜交集，现实与历史同在，自然风光与人文风景并存，我想，这大概是麦丹特别富于魅力的原因吧！

　　我向麦哲伦雕像深深致哀，然后离开这片一位伟人曾经为她流血的地方，沿着滨海小街缓缓离去。

　　小街上全是售卖各式各样贝雕、椰雕、木雕、牛角雕的摊贩。

无数珠贝串成的风铃、手镯、项链和扇贝缀成的灯饰、珠帘、屏风，在落日的余晖里，珠光宝气，流辉溢彩，令人恍若走进阿里巴巴发掘的神仙宝窟。

海风徐来，风铃声声叮当，似留客的呼唤，又似送别的叮咛……

椰影摇曳如我留恋的心，再留恋终须归去！啊，麦哲伦岛之行，美好的游踪充实了我的生命——从此，在我的故乡鼓浪屿蓝蓝的海滨，在郑成功的巍峨铜像下，我会常常、长长地想起你！

一缕剪不断的相思留在遥远的异国——

哦！画中的淡雾里！哦，诗中的麦丹！此地为一别，相逢待何年？

星洲如梦

"不向东山久，蔷薇几度花！"

——李白《忆东山》

曾经千百次海隅漫步，远眺沉沉一线青山，想象着梦中的南洋、那一岛如星的地方，曾经千百次月夜徜徉，遥望茫茫天际疏星，回想起异国的童年，那扑朔迷离的时光……呵！星洲，我的血肉之躯衔环落草之地，我的双亲半生萍踪之旅，我的祖父漂泊之乡。除了中国——这深埋先人骨殖的热土，世界上，再没有一个国家，能像你那样令我魂绕情牵……

梦里星洲

自从红灯码头买棹归来，从此一轮秋影转金波，星洲梦里，梦里星洲，弹指间已是数十个年头……

日月永远年轻而回忆总是古老，虽然光阴流逝，人间变化万千，但时时来我梦中的星洲，依然是儿时模样。

那时候，新加坡岛上，到处种满了甘蔗、橡胶、甘蜜、椰子、米谷和胡椒，新加坡河上，偶尔还有鳄鱼逍遥。在这个印度洋、太平洋、大西洋三大洋航海家们聚首相会握手言欢的举世闻名的港口，来自世界各国的船舶悬挂着五彩缤纷的旗帜，停泊场上，搬运工人们用着各种语言高声叫嚷。如果你是外国游人，那些手脚灵便的儿童小贩，便会笑眉笑眼地追随左右、殷勤地塞给你珊瑚、贝壳、檀香盒子以及各种各样的工艺品，那一份热情令你即使囊中羞涩也无法空手离去。

那时候，新加坡的"的士"还很有限，街上随时可见印度人驾驭的系一串铜铃的马车满街叮叮当、叮叮当地招摇而过；人力车也比比皆是，车夫有马来人也有中国人，他们最熟悉的几个英文单词是 ship（轮船）、city（城市）和 club（俱乐部），无论客人向他们诉说什么，他们总是温和朴实地笑一笑回答一句"Yes，all right（是的，当然）"，然后沉稳地拉起车，款款地把游客从城里拉向码头，或者从码头拉往星罗棋布的街区。

对于中国人来说，旧日的星洲街市有着非常浓烈的华埠韵味，甚至不少街名也一如我们家乡，因此令人终生难忘。那儿有条街，名缴间口，又叫宝字街场，是三四十年代华侨聚居之地；有一条福建街，曾经是闽人盈集之处，也是造马车的地方；有吉宁仔街，栖息着成群结队的吉宁船夫；还有一条蓝兜巷——街巷的空地上长满了美丽的蓝兜花，当地华侨向马来人学习，煮饭时放上一把蓝兜叶，于是，午饭时分，一巷蓝兜飘香……最有意思的是诗书街（又名丝丝街），不说别的，仅仅街名就完全是中国的国粹了。

那时候，侨居新加坡的欧洲居民，除了办事或上俱乐部，大体住在郊外那些庭前院后棕榈树摇曳的精美的小洋房里。市区里林林总总的银行、货栈，大大小小的商店、巴刹（市场），则几乎全为中国人所包揽。扰扰市声大抵是闽南话和潮汕语，风雨剥蚀的骑楼和鳞次栉比的小摊小贩让人觉得恍如当年中国的厦门或广州。

记忆中的新加坡海面永远平静，停泊在黄昏里的巨轮，露天甲板上总放着一架钢琴，船员们高兴时，往往边弹琴边跳卡德里尔舞。在椰子树下，在微风轻扬的海岸上，落日的余晖使赤道上的一切充满了诗情画意。

当时，我那身着艳丽纱笼头绾一柄镂花银汤匙的秀媚如花的马来阿三（保姆），常常用背带把我揽在胸前穿遍大街小巷，看街景车马人流，吃纯中国式的肉粽咸粥，也吃马来风味的椰丝、沙茶、咖喱牛肉……

当时，我的外祖父住在星洲岛上离巴塔山不远的直落亚逸，那儿，有许多斑斓的故事和我儿时的梦依偎相连。其中总难忘怀的是长辈们传说中的唐宁炮台山（又名禁山、王家山）。据说星洲原名淡马锡岛，十二世纪时巨港王子在古淡马锡岛建都时，才将此岛改名新加坡，并在康宁山上修筑了豪华富丽的王宫。康宁山背后有一条清粼粼的小溪叫禁河，古星洲王的一群年轻美貌的妃子，常常到这儿来沐浴嬉戏——她们在这山明水秀的地方玉体横陈、春色毕露，难怪当年此山被封为禁区，不许平民登临观赏，康宁禁山也因而平添了几分神秘气氛和香艳色彩。当然，在十九世纪初莱佛士踏上新加坡岛之后，禁山依然苍绿，王宫已成废墟，而澄澈温柔的禁河流水寂寞地流过历史、流入城市，沿着宝淡卜街流进我的童年，从此成了浪漫星洲家喻户晓的淡水河……

那些星星点点的人事，那些朦朦胧胧的风景，那些凄丽迷人的传闻，说来奇怪，时空的距离不曾使它们褪色，相反地，在我心中，那一份温馨的记忆伴随岁月的积淀却愈加执着。

重返星洲

三十年春晨秋夕古朴而执着的相思，有一天，终于化作了久别重逢的惊喜。

那是蛇年岁尾，我有幸作为厦门经济考察团成员之一，应新加坡敦那士集团之邀前往星洲——对我来说，这不仅仅是一次增长见识的公务，一次愉悦身心的旅行，这还是一个重访心中故地的美梦。

十月二十三日上午，明媚的阳光伴我离开故乡前往香港，从飞机上俯瞰高楼林立、华街纵横的香港盛景已丝毫无法引起我的热情，我心中的向往只有两个字：星洲！我们一行五人暂停香港办理转机手续。每日吞吐量达三万人次的启德机场，拥有世界一流的候机厅，那些高雅迷人的餐室酒吧、豪华富丽的超级商场足以令所有过往游人流连忘返，然而我坐在酒廊吧椅上边吮吸橙汁边心驰天外，对眼前的一切花红柳绿、珠光宝气熟视无睹，我眼中盘旋飞舞的只有一个去处：星洲！

在难耐的等待里终于盼来了登机的时刻，二时四十五分，我们离开中国香港登上飞往新加坡的新航波音747。此机刚刚启用，崭新华丽宽敞舒适，横三排、竖三十六排共有三百六十个座位，空调、地毯、沙发，富丽堂皇自不必说，还配备有无线电收音机供旅客收听音乐和新闻。最可爱的是花枝招展的空姐，她们全都穿着色彩鲜艳的长纱笼，长裙曳地，配上高跟花拖鞋，笑吟吟地提着精编元宝式竹篮为旅客分发食品饮料，那一种风情韵致，令人想起当年新加坡岛上娇媚动人的马来姑娘。

时近傍晚，灿烂的夕照把舷窗外的云海映照成一个绚丽辉煌的童话世界，飞机驶进了我梦中的旅程，驶进了我心中的童年。由香江之畔起飞后，三个小时的航程仿佛漫长无比，当飞机徐徐下降，当世界三大洋交汇处那一枚晶莹的绿宝石——星洲依依在望，我止不住清泪盈颊、双眼迷蒙，有一种近似眩晕的喜悦和惆怅同时袭上心头，啊，梦里星洲，山川依旧……

当我迫不及待地步下舷梯踏上星洲陆地，方才如梦初醒——我已重返星洲！正是华灯初上时分，拥有世界第一流设备的星洲候机场，无论是飞珠溅玉的彩色喷泉，无论是优美动人的柔曼音乐，无论是千姿百态、光彩夺目的巨型吊灯，还是琳琅满目、如同瑶宫仙阙美不胜收的超级商场，全都光辉灿烂如同白昼，这儿云集了来自世界各地的商品，同时汇集了世界各地的客人。那些红白黄黑各种肤色的人们相聚一堂，人人彬彬有礼、温文尔雅——彼此大抵不是用语言而是用眼神和微笑相互招呼，令人深深体会到小小星洲在世界东方特殊的地位和迷人的魅力！我知道我来到了一个现代化的国度，这里的物质文明由宏伟壮丽、尽善尽美的机场设施可见一斑！然而，当年为我码头挥别的白发苍苍的亲爱的外祖父哪儿去了？当年缭绕黯淡的桅灯凄迷低飞的成群的海鸟哪儿去了？当年佩着胡姬花沿着石板路轻移碎步的马来少女清脆的趿音哪儿去了？啊，星洲，熟悉而陌生的星洲！我身在其中又身在其外的星洲！

未出机场，就听见栅栏外传来各种呼唤的声音，有英语，有华语……那是星洲各界知名人士、星洲的故国乡亲，还有中国驻新加坡商业代表处的官员前来迎接我们，于是，耳畔的温情、心底的亲切，令人忘却了怀旧的忧郁。

敦那士集团主席唐裕先生用小车带我们去旅馆，车子驶上通往城区的高速公路。大道笔直如发，两旁如锦如绣的绿树、鲜花、草地在明丽柔和的街灯映照下朦胧如仙境，有馥郁的芬芳在夜色里飘荡，使人想起了久违了的胡姬，这驰名世界的星洲国花！唐先生对我说："陈小姐，你自小离开星洲，这次回来，一切已是今非昔比！"

唐先生一路上为我介绍，新加坡共二百六十万人口，市区原来仅八平方公里，现在又填海七平方公里，人造地将近市区的一半，全城大约五十个区，分为行政区、工业区、生活区、古迹保护区等。市中心还分成几个小区，如银行多于米店的金融中心——金鞋区；商场如林、游客如鲫的旅游购物中心——乌吉区等。无论大区小区，除了配套的水电、交通、邮政、银行、商店、巴刹（集市）、娱乐场所等各种服务设施外，各区都设有学校、花园、运动场所。新加坡几乎全是绿地，除了道路，很难找到一尺裸土——这一点在我后来的游览旅程中得到了证实。无论城郊私家花园洋楼，还是城区高层豪华公寓，到处都被绿荫笼罩。实际上，星洲全境就是一个绿树、青草和繁花构成的花园岛国。

啊，这片留给我几多童心、几多亲情、几多梦忆的星洲，对我已是完全的陌生！

不了缘

风驰电掣的车子在茫茫的灯海里仿佛一叶飞舟，驰过夜色迷人、如诗如画的机场路，驰进光明如昼、繁华热闹的现代化街巷，最后停在合禄路上一家墙面全部由玻璃组成的金碧辉煌的旅馆——晶殿大酒店旁。走进大酒店如同走进阿里巴巴的宝库，水银镜、玻璃墙、水晶吊灯种种，令我全身上下前后左右沐浴在一派五光十色、迷离闪烁的光影、光晕、光圈里。特别有趣的是喷水池前拔地而起的金晃晃的圆形露明电梯，六座电梯组成一朵金色的莲花，数不尽的钨灯如同金色的莲蕊，灯光水光交映，金莲栩栩如生，令旅客有如步入神仙福地。

刚刚放下行李，星洲长春有限公司的老板白火煅先生父子便邀请我们上街去吃晚餐。他们问我们吃中餐还是吃西餐，我说："劳顿终日，最好有家乡的咸菜、稀饭！"东道主一听便笑话我刚出国门就想家了，没想到考察团一行五人全同意我的选择。于是，主听客便，立即驱车出门，车子盘旋数里路，来到一条长街，灯火通明里，两旁骑楼下，密密麻麻全是写着繁体汉字的商店，商店里，五金百货，干鲜土产，各类水果，种种食物应有尽有，光是餐厅食店便占据了大半街面，那样式完全是当年厦门大同路的翻版。白先生说，这儿就叫牛车水。

哦，牛车水，多么熟悉、多么亲切的名字！这条曾经被父母亲朋成千上万遍提起的唐人街，这片曾经让马来阿三无数次带我前来游逛的故地，如今，终于有缘再相见！如果说，星洲的其他街区和当年相比已面目全非，而牛车水，除了霓虹灯广告取代了古老的招牌，电风扇取代了芭蕉扇，水泥地面取代了石板街，其他的几乎一如从前。见到它有如见到了阔别多年的老友，自然而然地有一份故旧之情，有一份沧桑之叹！

白家父子领着我们到了一家潮州饭馆，店主堂倌全是潮州人，老板娘见到我们，忙手脚麻利地走拢来，笑盈盈地招徕客人，那一口温软甜脆的中国潮州话，令人倍感亲昵。霎时间，大盘小碟端上桌面，潮州稀饭配上咸菜、酱鹅片、黄豆炖猪蹄、煮花生、金针菜等，色味俱佳,清爽可口,大家食欲大增,不一会儿,便风卷残云一扫而光,个个吃得满头大汗、痛快淋漓,行旅的疲劳全丢到九霄云外去了。于是众人皆夸我主意不错,一个个喜洋洋地打道回府。

回到晶殿大酒店那巍巍高楼上的椭圆形豪华客房,打开房门即见地上躺着几张英文便笺,仔细一读才知道是电话记录单。原来,我的舅母已打过电话来酒店,让我一进门立即回音。我忙拨了舅母家中的电话号码。舅母听到我的声音,喜极而泣,迫不及待地一叫再叫我的乳名,老人家说,知道我今天重返星洲,不知何等高兴,从清晨等到夜晚,不见去电话,让她急得热锅上的蚂蚁似的,又说我的阿姨也从马来西亚赶来星洲看望我,整整等了我三天了!我听了忍不住热泪沿腮滚下,襟袖尽湿……

子夜时分,辗转难眠,披衣下床,拉开厚重华贵的金丝绒窗帘,遥望星洲一天星斗半城灯花,遥望贝聿铭先生设计的霓虹流辉溢彩的七十二层的香山饭店,遥望昔日外祖父悠然信步、此刻月华如水的直落亚逸长街,遥望当年挥别星洲启程回到祖国的银光如烛的红灯码头,我心如潮,起落难平,卅载一觉星洲梦,都疑幻境转成真,此时此刻,百味交集,叫人怎能酣然入梦?

啊,星洲,父辈流落飘零的土地,生我育我的土地,少却了浓浓野趣,增添了无限风情的土地,长别离,短相聚,旧梦新痕泪如雨;缘未尽,情难了,不了情缘寄清宵……

明日又沐蕉风里,千里相思何时已?

一九九〇年二月于厦门

狮城琐记

流逝的时光，是离枝的黄叶，是温馨的记忆，是常青的藤蔓。

乳　娘

她是马来人。她的名字，好像叫玛达。因为排行第三，我家的人依唐山习惯，唤她阿三。

阿三的家在柔佛丛林的一条小河上。丈夫飘流到摩鹿加群岛去了，凶恶的毒蟒咬死了她的孩子。贫穷和忧伤，迫使她离开了故乡。

我出生那年，阿三到我家来帮忙。那时，她还年轻，在我的印象里，她常常穿柠檬黄的纱笼、紫罗兰色的花衫，乌黑的头发总挽在头顶上，插一柄玲珑的银汤匙，亮晶晶的眸子一闪一闪，仿佛能迸溅出火花。

我都三岁了，阿三还老用背带把我背在腰间，每天带着我上巴刹（市场）去买菜。她时常用自己的工钱，给我买糖炒椰丝、槟榔、咖喱牛肉面。每回我病了，她便急得流泪，一夜夜守护到天亮。她从来不肯让我独个儿进花园，怕我碰上"蛇妖"……

阿三只读过三年书，知道的东西可不少。

一到晚间，便给我讲些有趣的故事，哄我睡觉。

"新加坡又叫狮城，你懂吗？"有一回，她这样开场。

我好奇地摇摇头，望着她那一双星星一样的秀眼。

她说，七百多年前，室佛利帝国的磐那王子，带领他的马来随从来到这儿，看到岛上荒无人烟，心里很失望。正想离去，忽然，不知从哪儿跑来一头狮子，站在他眼前。他高兴极了，便把这海岛叫作僧加补罗，也就是新加坡，意思是狮子的城。从此，那王子便当了狮城国王，这里也就成了一个有名的港口……

阿三会唱马来民歌。她的充满异国情调的动人的歌声，伴随我走完童年绿色的小路。

……

我长大了，回到了我亲爱的祖国。

妩媚的南洋，传说中的磐那王，离我已非常遥远。狮城的人和事，随着日月运转，也渐渐朦胧如烟。

唯有阿三，这如同母亲一般的乳娘，却时常在静静的夜晚，来到我圆圆如月、悠悠如水的清梦里——和当年一样，依然穿着艳色的衣裙，依然忽闪着黑亮明丽的大眼……

旧　居

从前，我家住新加坡直落亚逸，它在巴塔山的山脚下，靠近新港的地方。

那时候，新加坡城镇的郊外，有着非常美丽的种植园，栽种着胡椒、咖啡、甘蜜，生长着甘蔗、椰子、橡胶；还有一片片的丁香和豆蔻，终年摇着碧绿的叶子，结着十分可爱的鲜红的和淡黄的果实……

我和乳娘，到过马来人的甘蜜园，看见围着纱笼、晃着大耳坠的土著女人，弯着身子，拨着红艳艳的火苗，煮着甘蜜叶……

我和爸爸，到过华人开发的菠萝山，去看望一位乳名阿寿的乡亲，和他一起住在棕榈叶搭起的"亚答屋"里，听他讲述小时候和他的父亲一起开垦种植园时，遇上老虎和强盗的惊险……

我的旧居是一幢漂亮的洋楼，楼上迎街的一面全是明亮的落地玻璃窗，坐在房子里，可以看见门外五光十色、车水马龙的世界……

如今，我还会依稀记起，旧居楼头，那日夜耳濡目染的"东方明珠"的繁华模样：那些花花绿绿的街景、风度翩翩的绅士和衣着入时的贵妇们……

可能够在我心头留下温情脉脉、历久弥新的思念的却是远离旧居郊外的那些可爱的种植园，那些用双手砍伐了丛林、开辟了田园、修造了港口、建立了大厦的华侨叔伯和马来朋友。

逝去了，赤道上的童年！逝去了，甘蜜园和"亚答屋"温暖的夜，那一片忽明忽灭的、永难忘怀的彩色灯火！

一九八五年

卡拉奇风姿

三年前冬月，应中华人民共和国文化部之邀，我随团出访巴基斯坦，进行中巴文化交流。于是，在南亚次大陆的天空下，在乌尔都语的世界，在印度河水哺育的民族儿女之间，我度过了一段短暂而美好的时光。巴基斯坦人民对于中国人民真诚的友爱，巴基斯坦悠久的文化、美丽的山川，还有那儿浓郁的东方情调以及随处可见的艳若桃李的女郎，令人终生难忘。

我们访问的第一站是巴基斯坦最南端的卡拉奇，那是巴基斯坦经济文化的中心，世界著名的国际航空港，也是我国上海的姐妹城市。

一进卡拉奇

北京与卡拉奇的空中距离是五千八百公里，由北京飞卡拉奇大约需七个半小时。我们于北京时间上午十点半离开首都起飞，飞越包头、酒泉，飞过黄河、长江……

下午三时许，由舷窗下望，帕米尔高原就在脚边。皑皑白雪，辽阔荒凉，旷古沉寂，这就是举世闻名的古丝绸之路吗？隐隐地，有张骞的驼铃和玄奘的马蹄声声飘过耳畔，飘过眼前一望无垠的雪谷冰川……到了中巴边境，又是一番雄奇壮丽的景观——机翼下，巍峨险峻、苍青如墨的昆仑山脉如一群猛兽，或伏伏，或直立，或仰天长啸，或低首沉吟，在柔和的冬阳里，在茫茫雪被下，在朵朵如莲的云彩间，更显得粗犷奔放，黑白分明，栩栩如生。飞机在雪山断层间穿行，人与大自然几乎融为一体。想想遥远的唐宋，我们的祖先跋涉在这些神奇莫测的山川之间，从此架起东西文化交流的桥梁，那是何等震撼人心的伟大奇迹呵！一种民族的自豪感，油然而生。

飞机将抵卡拉奇，机窗下是一派闪烁如金的黄沙，瀚海荒漠，印度河——印、巴的母亲，你在哪儿？

忽然，我的眼前一亮，一条蜿蜒如游龙的莽莽大河以及沿河秀丽的村庄、密集的城镇蓦地扑入眼帘。呵，我终于见到了那心仪已久的母亲河——孕育了美丽富饶的良田沃野和南亚次大陆文明的印度河！

印度河源于喜马拉雅山，喜马拉雅山与印度河山水相依，有如中巴两国唇齿相依。几许亲切的情怀、几许美好的联想正如泉如潮地涌上心头，而飞机也正好飞抵卡拉奇。绿色的印度河水穿城而过，漫漫黄沙包围着卡拉奇，这宽广的南亚名城已伸手可及！

北京与卡拉奇的时差是三个小时，飞机在卡拉奇时间下午二时五十五分落地。我国驻巴使馆的文化参赞郭凯先生和巴基斯坦文学院院长、卡拉奇大学校长一起把我们从机舱迎接到贵宾室，热情洋溢地一一为我们戴上芬芳四溢的红玫瑰花环。

卡拉奇机场整洁美观。在这荒漠之城，西番莲、黄菊、大丽花、三角梅……五彩缤纷的鲜花如空气无处不在，真令人赞叹不已！贵宾厅也相当豪华，壁挂、地毯、空调、油画、意大利真皮沙发，贵族气派十足。

此刻的北京正是隆冬季节，步出卡拉奇机场时却艳阳如火。数小时之间，我们从冷冬走入炎夏。

主人们告诉我们，所有访巴的人们几乎没有不去拜谒巴基斯坦的国父、民族英雄真纳的。于是，仪仗整肃的警车队为我们开道，我们中国文化代表团一行六人，在主人陪同下直奔真纳墓而去。

我与巴国文学院院长阿格罗先生同车，他是一位部长级的政府文化官员，又是巴基斯坦赫赫有名的大诗人，为中巴文化的交流做过举足轻重的贡献，如今，他的儿子还在北京大学中文系读书。关于他，在北京的巴基斯坦驻华使馆，巴国大使已向我们做过介绍。我怀着崇敬之心面对陌生的阿格罗，没想到他那慈祥的微笑和智慧的目光一下子便让我一见如故。在车里，他用英语告诉我，乌尔都语的"你好"是"斯拉姆"，"先生"是"撒哈"，"小姐"是"撒哈巴"，"男孩"是"柏加"，"女孩"是"柏姬"，"谢谢"是"秀格丽亚"，"中巴友谊万岁"是"金巴多士底·仁达巴德"。踏上巴国土地，我庆幸自己第一个认识的人就是这样一位和蔼可亲如同家乡大叔的长者、如同母校师长的学者，民族、语言的隔阂，一下子便如风吹雾散。

卡拉奇的大街颇有我国西南芒市风采。椰子、棕榈夹道而植，楼房不高，但遍地花圃、绿树。最引人注目的是一朵朵一簇簇一片片的玫瑰姹紫嫣红，花小如拳、大如碗，流香溢彩，美不胜收。难怪人称巴国为玫瑰之国，称卡拉奇为玫瑰之城。最可爱的是城里的巴士，每一部车身四周都画着五颜六色的美丽图案和令人眼花缭乱的吉祥国腾，这种别具一格的车子有如中国古代的香车，流苏闪烁，色彩斑斓，铃铛摇曳。想想，满街飞车流光溢彩，神奇图腾、人兽花鸟充塞现代化街市，那一种伊斯兰古典遗风，是不是叫你哪怕只看一眼也永生不忘？

真纳陵园建立在一座鲜花盛开的花园里，在高高的古城堡上，由纯白的大理石筑成圆形穹顶的陵墓，远远望去，极为壮观。真纳是巴基斯坦独立运动的领袖，1934年起成为穆斯林联盟终身主席，印巴分治后出任巴国第一任总督。可惜巴国独立次年，真纳便撒手西去。当时，全国人民陷入极大悲痛之中，他们说："我们的国家刚刚一岁就成了孤儿！"岁月的流逝，加深了人民对真纳的怀念，真纳陵前献祭的鲜花，常年不谢。

我们沿着高高的大理石阶，步上墓室红地毯，为真纳献上圣洁的白玫瑰花圈，乐队奏乐吹喇叭，全副武装的军队高呼口号"马刺相碰"，礼成。我们沿灵台走一圈，为真纳默哀。墓室拱顶垂挂着由四层水晶帘组成的华彩四射的巨大镏金吊灯，这是周恩来总理生前代表中国人民献给真纳的珍贵礼品。华贵艳丽的水晶灯和雪白精美的大理石棺交相辉映，成了中巴友谊交融的艺术杰作。

在陵园一侧的真纳纪念馆，我们参观了真纳的遗物如服饰、沙发、床、柜以及高尔夫球拍等等。最珍贵的是真纳生前书房的图书，真纳当过大法官，那些厚厚的法律著作留存着真纳的手迹和气息。另外，他生前乘坐的官家车——英国产的白色卡迪拉和私家车——美国产的黑色毕尔克都保存完好。毕尔克的车头塑着一尊头发高高扬起如旗帜的银质飞人，极为美观。至于他与第一任总统的合影，与各国使节以及本国民众、自家亲友的留影，则随处可见。一位领袖人物，能得到本国人民甚至世界各国人士的推崇，其生平业绩，不言而喻。

怀着崇敬之心走出陵园，市民围观如堵。儿童尤其高兴，有招手的，有鼓掌的，有用英语和乌尔都语交杂高声欢呼"斯拉姆 CHINA""CHINA 斯拉姆"热情致意的，卡拉奇人民对中国友人的好感，由此可见一斑。

沿街有"客家餐厅""潮汕酒家"之类汉字招牌，让人顿生亲切之感！红黄蓝白紫五色三角梅以及袅娜的宋柳到处穿墙破棂而出，相思树、合欢树争先恐后地开着耀眼的黄花，玫瑰摇曳如梦，椰树、棕榈、小叶桉林林总总，如纤纤玉女、如雍容贵妇一律风姿绰约，满城浓眉杏眼、五官俏丽、如孔雀开屏的彩色纱丽浓妆艳裹的美丽女子，叫男人目不转睛，叫女人衷心赞叹！

主人安排我们下榻"陆珠饭店"。这是卡拉奇最富于民族风情的豪华富丽的四星级酒店。它属于美国投资的国际性酒店系列，原名"洲际饭店"，后改名为"大地珍珠"，简称"陆珠"。我们走进酒店，好客的公关小姐芭菲拉立即为我们献上一串红白相间的玫瑰花项链，并用英语含笑致意："让芬芳伴随尊贵的客人走进'大地珍珠'！"

"陆珠"酒店有碧茸茸的天然草坪，香气扑鼻绚丽如画的花园，蓝色的泳池，小鸟嘤嘤，如歌如诉。室内有龟背竹、袅萝、金边巴铁之类绿意盈盈的盆栽，琉璃吊灯无论晨昏一概色彩缤纷扑朔迷离，音乐轻柔活泼，是富于阿拉伯情调的悠扬欢快旋律。

我国驻巴使馆杨参赞告诉大家："巴国总统、总理对我们中国客人特别重视，你们行前巴国已刊登了消息，今晨又刊出你们的照片，今晚还有电视新闻，明天又要安排文章见报。阿格罗院长昨晚特地从首都伊斯兰堡飞来迎接你们，为你们争取了部长级待遇！"

果然，当我们跨进卧室，发现每人都安排了古色古香、精雕细刻的意大利式大型卧床，典雅的梳妆台和灯饰，金光闪烁，精美非凡。茶几上一大束粉色玫瑰露珠晶莹，石榴、香蕉、苹果色泽鲜艳如玉琢蜡塑。

我们由衷地感戴巴基斯坦人民给予我们的真诚友谊和高贵接待。巴基斯坦并不富裕，他们节衣缩食以待客，拳拳深情更令人深深感念！

当晚，由巴国前农业部长吉拉尼先生宴请我们。豪爽的吉拉尼先生十分快乐："在你们踏入我国第一站，正式进行中巴文化交流之前，能让我第一个当主人接待你们，真是幸运！"

吉拉尼曾两次访问中国。他说，在中国，他所到之处都得到热烈欢迎。一九八二年，中国的一位副总理接待他，对他说："中巴之间没有任何障碍，正如你们的信德河，源于我国而流入巴基斯坦，我们的友谊源远流长！"

吉拉尼告诉我："中国人有一个特点，即使素昧平生，但一人有难，其他人就会伸出手来。和这样的国家交朋友，叫人放心！"

我听了，心中滚过一股热流，用不着说什么谢谢之类的客套话，我只紧紧握住他的手。

宴席中来了不少博士、专家、学者、诗人、作家、报社总编、杂志社主编、政府官员。雪白餐桌，猩红餐巾，嫩黄玫瑰，透明高脚玻璃杯点着葱绿蜡烛，乐队弹着钢琴、吉他，歌手载歌载舞，唱着美国乡村歌曲和印巴传统小调。一种浓浓的异国情调流漾在迷蒙的烛光里。诗人夏依达是一位典型的东方美女，细腰婀娜，皓齿明眸，顾盼传情。她学过中文，三年前曾访问中国新疆并写下访问记。她说："新疆真辽阔，辽阔如海；新疆的女子真美，美如诗！"

其实，夏依达本身就是一首美妙的诗！

在巴基斯坦，几乎个个都是诗人。卡拉奇的主人们一一当场赋诗，欢迎中国朋友的来临，那一种敏捷的文思，叫人羡慕不已，那一份真诚的情谊，叫人如饮醇酒。阿格罗院长问我："撒哈巴陈，你是否愿意为大家献上一首诗？"

盛情难却，我便即席朗诵了一首——

致阿格罗

我早已知道您的名字

在来到巴基斯坦之前

阿格罗的诗，像月光

全世界的诗人

都能仰望

当我从深秋的北京

来到卡拉奇

第一眼，便难相忘

您的眸子

是温暖的春阳

有一天，你我都会消逝

但我们的诗

是喜马拉雅山的白雪

是印度河的浪花

永恒，如同世界

美丽的夏依达自告奋勇为我当翻译，她那莺啼燕啭的音调和出色的译文，为她也为我的小诗赢得了如潮的掌声。

二进卡拉奇

二进卡拉奇纯属意外。

那一天下午，原定由拉合尔城飞奎塔，没想到奎塔属山区又是沙漠地区，黄昏风大，加上夜晚无导航设备，飞机在沙漠之城奎塔上空盘旋良久，无法着陆，只好重返拉合尔，在候机室等候"巴航"处理。

"巴航"决定先飞卡拉奇，第二天早晨再转奎塔。于是，我们又一度离开彩灯如昼、美丽辉煌的拉合尔，直飞卡拉奇。

晚上八时半，二进卡拉奇。机场灯火通明，比白天更为繁华富丽。阿格罗院长把我们带到当地一位议员拉斯底先生家中。这位议员拥有一栋带花园的洋楼，我们将主要行李寄存他家，留待他日三进卡拉奇时取用。

尔后阿格罗带我们到希尔顿酒店进餐。酒店的中餐部备有一个中国莲花厅，一张张螺钿镶嵌的红木圆桌铺着大红双喜台布，餐厅悬挂中心一盏周边七盏宫灯相拥而成的一朵巨型倒垂金莲，莲心灯光闪烁如碎钻点点，艳丽华贵极了！在这巴基斯坦的美国酒店里，居然有如此富于中国风情的一角，怎能不令异乡游子顿生乡思？来进餐者多数是外国人，少数是中国人。棕色皮肤的本地侍应生穿着红色的中式官装，给人以不中不洋的诙谐印象。

夜宿泰姬陵酒店，从窗口望夜中的卡拉奇，长街短巷，全涌动着灯光的波澜。卡拉奇的夜，彩灯的河流，霓光的世界。

次晨四时即起身赶赴机场，拂晓前的卡拉奇依然灯光通明，红绿黄橙紫各种广告霓虹通宵不熄，为卡拉奇平添了许多美丽。

这里的黎明静悄悄。阿格罗说："卡拉奇睡着了，我们正在吵醒她！"

可不，车声沙沙，卡拉奇之夜正被唤醒。

天空一弯眉月，依依地随车送行。阿格罗遥指墨蓝的苍穹："那是从中国来的月亮！"

啊！那弯弯的月牙，可不就是蹚过昆仑，蹚过喜马拉雅山，前来造访这一片印度河平原吗？

告别晨曦中金灿灿的卡拉奇，我说："卡拉奇，古莫林！"

阿格罗忙接茬："莫林古，卡拉奇！"

昨夜，我把英语"晚安"——"古·耐"说成"耐·古"，今晨阿格罗便善意地嘲谑了我！

我忙自我解嘲："你说中文和我说英语的水平不相上下呢，咱们打平手吧！"

晨风飘起欢乐的笑声，我们再一次飞往奎塔！

家

儿时，家是一把玲珑的金锁。

母亲用固执的爱，

锁住我的小手小脚，锁住我好奇的心。

我不会爬树，不会游泳，不会打野仗。

我怕黑夜，怕狗，甚至怕老鼠。

多堤防的河岸，常闹缺口，

富于温情的地方，盛产软弱。

啊，金锁！

长大了，我离开故乡，四海奔波。

家是一只美丽的蚌壳。

在静静的夜里，我常常思念母亲，温习着她的抚爱，她的叹息，她的啰唆……

在信里，在梦中，母亲常常含着泪呼唤我：“回来吧，孩子！”

母亲的泪，会使我的帆沉重，却不能让我的船停泊。

正像珍珠，她是多么迷恋海洋——

为了存在的价值，却不能不离开蚌壳。

啊，蚌壳！

发表于《星星》一九八二年第十期

三角梅赋

风姿绰约的鹭岛，娇花媚草，多如繁星，而我独爱三角梅。

三角梅，学名九重葛。俗名可就多了，北京人称她叶子花，广州人叫她宝巾花……三角梅是我们家乡人给她的名字。

三角梅不算名花。就单朵儿看，不过是三片艳紫的花瓣儿，孕着几枚鹅黄的花蕊，娇小玲珑，弱不禁风似的。然而，在山间，在水滨；在怪石嶙峋的峰峦上，在盘根错节的古树下；在青苔斑驳的断墙旁，在秋草凄迷的荒冢里。你看吧，她衬着水灵灵的绿叶，百朵千朵地、散散漫漫地开了，袅袅婷婷地开了，沸沸扬扬地开了。像蓝天里的一片流霞飘来，漫住了碧汪汪的水畔山腰；像姑娘们一点樱唇轻启，留下了一串串轻盈的笑。舒坦、自如、无拘无束，繁而不腻，艳而不俗，于浓烈之中见淡雅，于喧闹之中显幽静。

三角梅很少被讴歌礼赞。世人都说"物以稀为贵"，可江南江北，都有她的踪迹；酷暑严冬，都是她的花期。这朵花刚谢，那朵花又开，不管世态炎凉，不畏凄风苦雨，不拘地势高下，一味把花儿泼辣辣地开着。她居显不骄，处晦不卑；她的枝蔓，向天空、向大地、向四周、蓬蓬勃勃地，争着空间，争着自由，争着生存。她的一生，把生命之火，亮晃晃地燃着。如果人们赞颂"野火烧不尽，春风吹又生"

的古原荒草，三角梅的品格岂不一样可贵？！

在群芳烂漫、姹紫嫣红的阳春三月，三角梅也许算不了什么，但是，在风霜凌厉、花事阑珊的数九寒冬，平野山川触目皆是的三角梅，那一派生机，那一抹亮色，给人们眉梢心头，增添了多少欣喜，多少寄托，多少暖意！

热情奔放的三角梅，妩媚迷人的三角梅，生命不息的三角梅，我爱你！

一九八〇年十二月

古色古香的南音

闽南是南音的故乡，也是我的故乡。

春秋佳节，仲夏黄昏，故乡的瓜棚豆架下，小楼幽院中，弦管南音，轻柔如水，流漫长街深巷……

随意走进一户人家，便可看见十七或十八，眉如月、眸如星，文雅清丽的女孩儿，或横抱焦尾琵琶，自弹自唱，或手执彩绸檀板，曼声歌咏，琴韵悠扬婉转，歌声缠绵悱恻。四周白发翁媪、青头少年、大嫂小姑，听着听着，一个个会忍不住按拍唱和起来……

故乡的舞台上，以南曲为主要唱腔的《陈三五娘》《胭脂记》《昭君出塞》《吕蒙正》《李亚仙绣襦记》等梨园戏传统剧目，真是屡演不衰！往往是台上演员演唱一支名曲，台下观众和者数百……

一九八一年元宵节，名扬中外的泉州南音盛会上，一位出国多年的老华侨，情真意挚地告诉我："小半个世纪里，我走遍了大半个地球。如果世界上有一种民间音乐，能够那样使千百万听众销魂夺魄，如醉如痴，那样令人萌生故国桑麻之思，总角青梅之恋，我敢说，那就是南音。她是我们妩媚多情的闽南女儿，走遍海角天涯，也难忘怀！"

并非因为我是闽南的女儿，偏爱乡音，老人本身就是一位颇有造诣的音乐家，因此，我相信他的判断。

南音，又称南曲、南管、弦管，是流行于闽南语系地区，特别是泉州、厦门、漳州一带的一种历史悠久的古老民间音乐。它保留了汉以来中原古雅乐的许多特点。因此，海外侨胞称它是"中国音乐的根"，声言"要追寻中国古乐，要找回中国音乐之根，就要从南音中去追寻"。

南音曲调典雅柔美，既具有古君子遗风和宫廷音乐气质，又富有浓烈的乡土气息。它演奏的形式是四管清唱或八音合奏。使用的乐器中，南音琵琶是汉唐遗制；洞箫长一尺八寸（鲁班尺），用石竹、观音竹、茉莉花竹制作，十目九节、一节两孔，与我国其他地区使用的洞箫有极显著的区别；二弦是魏晋间嵇康首创的"嵇琴"的遗制。这些古曲乐器，增添了南音古色古香的风韵。怪不得清朝康熙皇帝听了闽南五位南音圣手合奏之后，欣喜非常，即赏乐人宫灯、彩伞，并御笔亲题南音为"御前清曲"。后来，南音界代代相传的挂宫灯、撑彩伞、张画屏、列古玩等演奏仪式，即源于此。

千百年来，南音这一中原古代遗音，不仅在闽南地区盛行不衰，而且远播中国的台湾、香港，以及东南亚甚至世界各地华侨聚居的地方。

据海外资料记载：英国驻东南亚大总督麦唐纳爵士对南曲非常赏识，特地邀请演唱者至总督府邸，隆重介绍并表演。一曲唱罢，麦唐纳赞叹道："此曲只应中国有，泰西能得几回闻？美国第一流的作曲家啥逊端赞誉南曲是'伟大的音乐'！"西方著名的音乐家们在称颂与南音同源流入日本的"宫中雅乐"时说："音乐之父，应是唐朝的中国音乐家，而非十七世纪德国的巴赫。"

现在，中国台湾有鹿港南乐聚英社、基隆闽南第一乐团、台南南声国乐社；中国香港有福建体育会；菲律宾有长和南音总社、金兰郎君社、南乐崇德社、菲华国风郎君社等；新加坡有湘灵音乐社；马来西亚有马六甲同安金厦会馆、吉兰丹仁和音乐社、太平仁爱音乐社等许多南音社团。他们历年开展活动，持之不懈，为南音在祖国及东南亚的流传和发展，做了很大的贡献。闽南华侨遍布世界各地，南音影响所及，遍及全球。

近年来，闽南南音界有志之士，在继承古乐优良传统的基础上，对内容和唱腔进行了必要的加工和改造，采用了独唱、齐唱、二重唱、对唱、帮腔、二部合唱、男女声四部合唱等多种演唱形式。在创作中，他们认真从传统南音题材中探索海峡两岸以及华侨思乡、思亲的主题，写出了《远望乡里》《百鸟归巢》《桐江魂》等一系列优秀新曲，为台湾的回归、祖国的统一做出了努力。同时，他们注意运用新的作曲技巧，如和声、对位、配器等，来丰富南音的表现能力，塑造鲜明的音乐形象，深入揭示人物的心理活动，如"八骏马""梅花操"等等，得到了音乐界的好评。这几年来，南音界也培养了一批南乐新秀，使这一古老而美好的乐坛精英焕发青春、流香溢彩。

闽南山清水秀，风光佳丽。月白风清之夜，袅袅南音，有如天上仙乐，飘逸人间。"何须佳酿慰羁旅，一曲乡音醉煞人"——多少海外游子，彼岸乡亲，一踏上闽南故土，便被这回肠荡气、勾魂摄魄的南音陶醉了！远道来闽的北国客人，听听这优雅委婉、蕴藉动情的南音，也可从中领略闽南旖旎秀美、古朴醇厚的风土人情，得到别具一格的美好的古典音乐艺术的享受！

一九八三年三月

竹叶三君

旧友竹叶三君，多年久违了。可是，他的影子，却仍时时浮上我的心头。

其实，他是极平凡的一个人，木讷讷的，既不风流倜傥，也不善于周旋。我们之间，也只是一般同事而已。

十年前，我到闽南 T 县教育局奉职。局里的宿舍楼尚未盖起，总务安排我到一所小学去寄宿。

那小学校是旧时的孔庙，我的住处在大殿西厢，用杉皮钉起的一溜房子的头一间。大小不到六平方米，放得 床一桌罢了。逼仄倒无所谓，只是满眼蛛丝，房与房之间，仅用黄泥土坯垒起不足二米的胸墙。

一个年轻女子住在那样荒凉破败的古庙里，实在不是滋味，可当时单位也确实有困难，我二话没说，认真收拾一番，买了一把大铁锁，便搬了进去。住了几天，倒也习惯下来。可喜的是门外那一棵红石榴，正在开花时候，坐在房内书桌前，伸手便可折到偎在木窗棂上火红的榴花。就是四周过于寂静，尤其是在夜里。有一天晚上，忽然看见隔房有灯光，却无声息，不知有人无人，是男是女。一夜惴惴，不敢入寐。

次日上班，问同事，同事们全乐了，指着紧挨墙角伏案办公的一位同志告诉我："俗话说，卜居先卜邻。你还不知道这位夫子是你的芳邻呀？对了，他下乡好些天，昨晚刚回来……"

原来是S君！这是全局有名的"老夫子"。年纪并不大，当时不过三十三四，一九六五年大学毕业的，写得一手活泼文章。只是为人古板，按部就班，话极少，不苟言笑。S君住在岳母家，房子太挤，要了庙里一间小房当宿舍。当时，尽管大家乐个不停，他仍低眉顺眼地看他手中的材料，头也不抬一下。

知道有近邻，到了夜间，胆子便壮了好些。只是男女有别，加上S君生性孤僻，彼此见面，有时连点头也免了。

夏末秋初的一个夜晚，月儿照在屋梁上，小老鼠吱吱地叫着。我在灯下看书，远远地，有甜腻的男子歌声传来："半个月亮爬上来，依拉拉，照着我的姑娘梳妆台，依拉拉……"

这时候，我听见S君起来开了大门出去。过了好一会，便站在石榴树下喊我："小陈，要有什么响动，你睡你的，别作声！"

我漫应了一句，便熄灯上床。半夜醒未，见S君房里还亮着灯光。

我不明白，不哼不哈的S君，葫芦里卖什么药？

过了许久，我才知道，当时这大庙里，时常有外地流氓、本地泼皮前来作案。S君暗中悄悄地关照着我呢！

S君负责局里的秘书工作，大小总结、汇报材料、领导的报告稿之类，都是他一手写的。全县中学文科的教研工作，他也得抓。那年秋天，学校开学的时候，局长拍了拍S君的肩膀，笑呵呵地对我说："让他带你跑跑下边的公社中学吧。他来的时间长，比你熟悉。"

　　S君不会骑自行车，和他一块儿下乡，只好跑路，我心里暗暗叫苦——每天出门，来回四五十里地，走路辛苦还在其次，和这样一位闷嘴葫芦在一起，多难受呀！

　　没想到，几回同行，却改变了我对S君的看法——一路上，S君总是主动向我介绍每一所中学、每一个初中点的学校布局、教职员人数、课程安排、教学情况、升学率等等，娓娓谈来，如数家珍。和平日守口如瓶的S君相比，真是判若两人了。我们边说着话儿，边观赏乡野秋色，倒也不觉得累。S君挺细致，走上十里八里，便找个开阔干净处，自己先坐下来，然后招呼我："停停再走！"有时还穿插几句乡里见闻什么的，调节一下精神。往往他自己不动声色，我却笑得前仰后合。

　　有了S君的引导，我很快地熟悉了我的工作对象和工作内容。

　　有一次，在S君帮我设计了一次全县中学语文教学观摩会之后，我忍不住对他说："S老师，你是冷面热心肠。咱们若是能够长久共事，可就好了！"

　　他淡淡一笑："你来了，我也就该走了！"

　　"为什么？"

　　"我……出身不好，在县革委机关不合适，还是下基层好。"

　　"谁说的？"我瞪大了眼睛。

　　他摇了摇头。

　　"那么，我是你的取代者了！你干吗还那么认真教我、帮我？"

　　"这是两码事——怎么能因为个人得失，去影响工作呢？"

　　他仍然是淡淡一笑。

　　S君身体单薄，他的在城郊当小学教员的妻子又病着，一对幼小的儿女没人照料，他完全可以请假在家的；况且，如果真的要他离开局里，他更可以不必这样奔波了。可是，S君仿佛从来没考虑过这些，每日如行星一般运转。

八月中秋，S君从梵天山归来，兴冲冲地抱回一大把桂花，在路口遇上我，便递给我几枝："好香！拿回去用水养着。"

是夜，S君竟携了弱妻幼子，一起上我的蜗居来做客——我们虽比邻而居，却从不互相串门。

"稀罕！S老师今天一定有什么喜庆事？"我愉快地招呼S君一家。

"没什么！过两天我到美峰中学报到去。同事半年多了，走前大家叙谈叙谈。"

S君依旧淡淡一笑。

S君要走，在意料之中；但走得这么快，却是意外。我的心情，立时黯淡下来。我没有支配人事的权力，挽留的话，说也白搭；安慰几句话——一样是工作，无非位置不同，S君泰然自若，我说什么，都显得多余。可是，想到这样一位良师益友，猝然分手，令人何等惆怅！再想想他们夫妇俩体弱多病，S君工作又拼命，在乡下，生活、医疗条件都比城里差，日后自有许多艰难，心里更添几分酸楚。半天，我说不出一句话。

S君却比平日健谈，见我以手托颐，沉默不语，便说："今后，工作中有什么地方需要我协助，给我写个信，我还来。"

"你一走，那么些文字工作，还有十来个中学，百来个初中点，我一个人怎么挑得起来？"

"你看这桂子，花有芳香而无美色；那窗外的石榴，花有美色却无芳香。你我也一样，各有所长，各有所短。担子重，可以锻炼你的能力，发挥你的长处。"

S君的话固然没错，可我心里总觉得戚戚。信口问道："全家都走？淑芳姐也调去？"

"是的！"

我知道S君去意已决，便不再多说。倒是他的妻子殷殷地嘱了我有关人情世故、起居寒暖等许多话。

S君的身世，一向讳莫如深，我从不敢过问。那一夜，从淑芳口中，我才知道，S君原籍台湾。父亲是国民党的一位将领，大陆解放时，随军去台，匆促中丢下祖母和他。老祖母去世多年了，父母呢，至今死生未卜……

过二日，S君办了手续，把家先搬往乡下，然后找我移交工作。

S君离开县城那一天，正是重九。家属走了，他单身一人；便不乘车，步行着去。我们几位同事送他，一路走着，仿佛远足一般，山路两旁，一片枫树红艳照人。S君摘了一片枫叶给我："霜叶红于二月花哪，小陈！"

那时，S君正在英华有为之年，用枫叶比拟他自然不妥。可是，我却觉得，S君的性格虽落落寡合，淡泊如水，可他的工作精神，如榴花一般热情喷薄，他的待人，如丹桂一般馥郁温馨，他的深心里，自有枫叶一般的气质，风风雨雨，安之若素，不争春荣，笑迎秋霜……

后来，由于工作需要，我也离开了T县教育局，远去A市。

临走前，专程去了一趟美峰山学校，可惜学生说："S老师上白云大队家访去了！"

涉芳姐不知上哪儿，也没见上。以后一晃八年，彼此并无通信，情形便一无所知了。

不久前，有 T 县旧友来 A 市。陪他去海滨游览的路上，我迫不及待地打听 S 君近况。

"S 老师？哦，'老夫子'！T 县的状元教师哟——美峰年年高考夺魁！去年春上提起来当教育局局长，又是县台湾同胞联谊会副主任……有四十二三了吧？终日陀螺一般地转。也怪，比当年咱们同事时，还显得年轻！"

T 县友人啧啧连声。我的眼前，清晰地映现了 S 君清癯的形容；映现了 S 君曾经抄赠我的两句白香山诗"试玉须烧三日满，辨材应待七年期"；映现了与 S 君分手时那一派灿烂如画的枫林，那一枚明艳如火的枫叶……

我轻轻地吁了一口气，心境顿时如大海一般宽舒。

望着水天一色的远方，我对 T 县友人说："海阔凭鱼跃，天高任鸟飞哪！"

友人心领神会，颔首微笑。

S 君曾于隆冬风雨夕，与我们二三友人作联对游戏。一友出旧对："虎行雪地梅花五。"我对曰："鹤立霜天竹叶三。"S 君以为对得有趣，又道竹质实心虚，是林中谦谦君子，从此便以"竹叶三"为号。笔者是以称之"竹叶三君"！

一九八四年二月于厦门

发表于《随笔》一九八四年第四期

梦里的美丽乡愁

——山重村诗韵

楔 子

"晋太元中，武陵人捕鱼为业。缘溪行，忘路之远近。忽逢桃花林，夹岸数百步，中无杂树，芳草鲜美，落英缤纷。渔人甚异之，复前行，欲穷其林。林尽水源，便得一山，山有小口，仿佛若有光。便舍船，从口入。初极狭，才通人。复行数十步，豁然开朗。土地平旷，屋舍俨然，有良田、美池、桑竹之属。阡陌交通，鸡犬相闻。其中往来种作，男女衣着，悉如外人。黄发垂髫，并怡然自乐。"——此为晋陶渊明所写的《桃花源记》片段。

千古以来，多少厌倦世俗的红尘男女，都神往桃花源，把它作为灵魂的寄泊之地。然而，在普世繁华的今日，哪里去寻找"往事越千年"的桃花源呢？

想不到我此行长泰，如同哥伦布发现新大陆——与名城厦门近在咫尺的古山重村，竟是二十一世纪真实存在的桃花源！

山重重 水重重 梦重重

这是一个非常古老的村落，寄足在重重叠叠的大山间，故名山重。

公元六六九年，唐朝将军陈政入闽，行军总管薛武惠奉命率军进驻山重，后定居于此，繁衍后代。这里的山，终年郁郁葱葱；这里的花，四季飘逸芳香。陪我参访的村宣委林爱珍女士说，十几年前，这儿好一片深山密林，当时她还是个小姑娘，有时一个人走进老林，黑漆漆总觉得心慌，但满山的野花山果鲜菌俯拾即是，让人无比快乐！这里有一条清清亮亮川流不息的马洋溪，从村里蜿蜒而过，犹如母亲甘甜的乳汁，哺育着世世代代的山重儿女。千百年来，四面环山的古山重，只有一条山间小路通往外界。乡人过着日出而作、日落而息、"不知有汉，无论魏晋"的淳朴日月。

当然，祖祖辈辈的山重人也做着飞翔的梦，他们渴望像鸟儿一样，飞出大山，飞向更广阔的蓝天；他们盼望山外飞来金凤凰，让座上客常满、杯中酒不空，让美丽的山重，为世人了解、赏识。

二〇〇二年，一群山重"愚公"自发组织，自带干粮柴刀，在通往厦门灌口镇的仙人旗大山上，开拓出一条通行汽车的乡村大道。从此，"藏在深闺人未识"的山重，开始掀开红盖头，蜂蝶般的游客，慕名猎奇而来，寻幽访胜而来，择地投资而来，一群群、一波波地涌入了古山重。

重重山开颜，重重水欢笑，重重美梦成真了！

古村　古巷　古厝

走进山重，如同走进《清明上河图》里的村庄：小桥流水，野柳扶疏；青篱黄墙，花光照眼；老干新枝，鸟语啾啾；村前屋后，蜜柚、柑橘、橄榄、龙眼、桃、李、桂花树、凤尾竹等等，穿插错落，密密层层。天是青花釉一般的亮蓝，水是春秧一般的嫩绿，山是古铜一般的黛紫，家家户户，有鸡鸣犬吠，孩童嬉乐。街头翁姥，恬然自得；乡间小店，笑脸迎人……

在这千年古村落里，百年古建筑随处可见。那古厝，就地取材，用的是溪中石头，那石头，经流水陶冶岁月打磨，圆润剔透色泽如金如玉。于是，山重村民居外墙，一色是大小不一、排列有序的鹅卵石砌就；那小巷路面，也一律是圆融铮亮、颜色鲜艳的卵石铺成，朝晖晚照里，遥遥相望，高低错落的房舍，犹如水晶宫殿；婉转委曲的小路，犹如金蟒银蛇。这些浸透了多少人世沧桑的古屋，风风雨雨千百春秋，那一瓦一石依然健在；这里条条鹅卵石古道，曲折迷离、纵横交错如迷宫，就是本地乡人，在这千回百转的巷道里，有时也难免迷失其中找不着东西南北。

我走进迷宫，有泉声潺潺、竹吟细细，听风挟秋阳，掠过屋脊燕尾，只见"一片水光飞入户，千竿竹影乱登墙"，竟是诗画难分的境界。沿途一些人家，主人出外经营门户深锁，院子里的大丽、紫荆、三角梅，依然花团锦簇，挤挤挨挨依偎墙头榾间，真应了岑参诗句"庭院不知人去尽，春来还发旧时花"情景了。

我漫步于山重村塔仔溪桥边山野，见一座距今近八百年历史的宋代佛塔伫立天地之间，佛塔外观如蒙古敖包，塔顶石柱形似毛笔，寄寓驱邪镇妖、文昌笔兴之意，故名"文昌塔"。村中，另有建于明朝天启、嘉靖年间的一堡一宫——盂宁堡，这座四方形碉堡式的三层石堡，占地一千六百平方米，用条石、石板砌成内墙、外墙和四周城墙，历经四百年风霜，至今风貌依然；浓缩了山重村文化精华的昭灵宫，供奉着海内外扬名的闽南俗神保生大帝，雕梁画壁、彩绘浮塑,至今栩栩如生;还有当年朱熹为村中薛氏家庙题字的手迹,也保存完好。

这里有汉韵民乐,古琴悠悠,它们与汩汩山泉、雨丝风弦一起,汇成了令人永难忘怀的山野牧歌。

走在金秋十月黄昏的山重,品味着"山色浅深随夕照,江流日夜变秋声"的清韵,有不知今夕何夕之感!

"山光悦鸟性,潭影空人心",山重村留给我的古色古香古音古味古典幽思,没有人工痕迹,是世间难得纯粹的天人合一!

古樟　古瀑　古图腾

山重村树种纷繁,以樟树为最。

众多的山重古樟,一树树铜枝铁干巍巍巨伞遮天蔽日、绿云婆娑,历经千年酷暑严冬,依然生机盎然、气势磅礴、流馨溢翠,实为人间奇观!其中最大的一株两千年古樟,树干周长达十五米以上,需十三人方能合抱。在古樟威仪壮观的树身上,那饱经沧桑坚硬如钢、如斧斫如刀刻的树皮,皱裂盘曲如龙、如狮、如虎、如大象、如猕猴、如巨鲸、如弥勒、如观音、如佛手……那是一幅幅天造地设的古老图腾!

图腾崇拜是一种最原始的形式,它流行于全世界,在中国历史上有着更为重大的意义——泱泱中华五十六个民族各有自己崇拜的图腾,那是每一个民族的光荣和骄傲。我相信山重古樟身上——这些日雕月刻千年铸就的吉祥图腾,给山重人带来的不只是丰衣足食,还有无数的快乐和福祉!

山重村有寻梦谷，又称蝴蝶谷，被誉为"闽南第一瀑布群"。雄奇峻秀的寻梦谷，掩映在亚热带原始森林保护区内，由仙人峡、情人峡、勇士峡组成，纵深两千四百米，天然落差二百八十米，谷内拥有十六级瀑布，构成一幅幅天然泼墨山水。成群结队的蝴蝶，在这里安家落户。"青山不墨千秋画，绿水无弦万古琴"，蝶阵翩翩，似天花飘飘，似落雪茫茫，来到这里，如入人间仙境，让你身心完全回归自然。

倾珠坠玉、如虹如霞、如云如雾的古瀑，不仅给山村带来瑰丽风景的迷人秀色，还与清溪、流泉、老井一起，养育着山重村千百生灵——它们让山民繁衍，让六畜兴旺，让花开，让草长，让五谷丰登。就是这儿生生不息的香樟，也得益于古瀑明泉岁岁年年源源不绝的滋润，才有傲立千秋、枝叶葳蕤的今天！

夜卧山重，听风动古樟，满树秋声萧萧飒飒如对客呢喃，披衣而起，苍然有感于南朝诗人王融"忱然坐相思，秋风下庭绿"的深意，自忖树有千龄，人难百岁，能不珍惜寸寸韶光乎？

花山　花海　花世界

中央电视台"远方的家"栏目播映古山重："每年二、三月，这里的桃花、李花、油菜花漫山遍野，她们追赶着春天的脚步……"

是的，到山重，最炫目的是花，是村中野外、山崖水畔春来春去不相关、四季笑口常开的花，是家家户户案上窗头篱边墙角姹紫嫣红、媚靥诱人的花。春天里，那殷红的桃花、素白的梨花，那银光闪烁的李花，那一望无际黄灿灿、金晃晃如婺源三月的油菜花，把山重变成花的山、花的海、花的世界——此刻来到山重，不管你是白发苍苍的老者，还是蹒跚学步的小儿，都会不知不觉地把自己当作一朵花，融入花山、花海、花世界，你也会情不自禁地赞叹——造物主赋予山重这份独特而奢侈的荣华！

夏日，那"接天莲叶无穷碧、映日荷花别样红"的莲荷，那"朝如青丝暮成雪"的芙蓉；秋季，那金银点点、芬芳扑鼻的金桂银桂，那"飒飒西风满院栽""满城尽披黄金甲"的菊花；冬天里，那迎霜傲雪、铁骨铮铮、高雅素洁的梅花，也一片片、一树树，无不应时绽放！

至于这朵花谢了，那朵花又开，一年四季多半是花期的三角梅、凤凰花、夹竹桃、相思树、合欢树等，更是沸沸扬扬、热热闹闹、终年不息地在这儿招蜂引蝶。

山重季季春，岁月轮转花不断哪！

这里新开发的十里蓝山，那一脉一眼望不到边的广袤青山，如今开创成日日鲜花、四季繁华的真正花山。那红、橙、黄、绿、青、蓝、紫的各色花卉，有如七彩飞虹降落人间；有如巧夺天工的硕大花毯，一直铺展到天边。

这片绚丽绝伦的天地，被命名为玛琪雅朵花海。玛琪雅朵是意大利最美丽、最高贵的一种花名，此花为当地一个部落所信奉，后来成了美好、纯朴生活的象征。这儿的玛琪雅朵花海占地1.2万平方米，分草花区、油菜花区、草莓区、灌木区、乔木区、三角梅园区等多种种植区，花草种类丰富，依山形地势、配合时令穿插种植。

我来蓝山，触目所及，是一大片一大片的薰衣草、夏槿、孔雀草、彩叶、鼠尾草、石竹、凤仙、一串红、黄花槐、百日菊、秋罗、长春花、非洲菊、莺尾花、香彩雀、太阳花等等，艳红娇黄粉紫嫩绿，幽香弥漫五彩斑斓的千花万卉，组成一个芬芳的花城。双双情侣，在这花城里共定白头，那是名副其实的花好月圆！游人来到浪漫花城，仰观千英荟萃，俯吻馥郁芬芳，与蜂蝶共舞，伴知己徜徉，十里蓝山的韵味，便尽在不言之中了！

有人说玛琪雅朵的"花花世界"，是女性的天堂。当然，那满目芳菲，自然而然使人想起"袅袅婷婷十三余，豆蔻梢头二月初"的含苞待放的女儿，想起"云想衣裳花想容，春风拂槛露华浓"的思春少妇，但更多的旅人远道而来观赏山重花都奇观，不论男女，除了愉悦身心之外，更多的当是重拾旧梦、回到儿时的山村、儿时的旧梦中。

而我，念及这些从前养在深宫大院、富贵人家的名花异卉，如今漫山遍野汪洋恣肆如火如荼自由自在地怒放在绿水青山之间，"不肯画堂朱户，春风自在扬花"，让众生共享花容月貌天地精华，那是盛世机遇玉成的硕果，那是山重人的大智慧大造化！人间能有如此美景，我心感恩——感恩时代，感恩三重父老乡亲！

水云间　云水间　天地之间

长泰山重后园村，逶迤起伏的迢迢青山，古朴幽深的鹅卵石曲径，阳光下疏影散漫的古厝，倒映清溪之中的百年老榕、千年古樟，鸡鸣，犬吠，啼莺婉转如歌，无不给人除尘洗心超然物外的出世之感。每当黎明、日暮时分，古村云纱缥缈、彤霞成绮；雨后初晴，则薄雾缭绕，灵山秀水，尽入诗画中，此情此景，被称为"水云间"。

二〇一二年，这里吸引了来自厦门鼓浪屿的张戈小姐，她看准这个不可多得的世外桃源的俗世价值，花了一年工夫，将后园村半个世纪前修建的闽南红砖厝，改造成一片野趣横生、安宁静谧的旅游民居——"水云间"民宿，在这里，人们可以远离尘世，在清静无为的大自然里泊居数日，让自己成为古村里的古屋、古道、古树和无边花草的主人。

走进"水云间"民宿，你会把心放下，放在山谷，放在泉边，放在花树之中，放在蓝天白云之间。你会忘却人世的纷争和心中的烦扰，陶陶然地享受一段纯属自己的无是无非、无忧无虑、有闲有味、自由自在的快乐时光。

云水间、水云间、天地之间，令人物我两忘于古今之间！是虚？是实？是梦？是幻？是现实中原生态的桃花源！

来此山重，你会寻寻觅觅、流连忘返；告别山重，你会留一卷相思，在眉梢心头，在午夜梦回时！

山重的儿女，纵然远离家园千山万水，"桃李春风一杯酒，江湖夜雨十年灯"，那梦里挥之不去的乡愁，还是故土山间潺潺的流水缠绵的云、是古村三月的油菜花五月的玫瑰、是卵石小巷拂晓时分的屐声、是青梅竹马时光含羞带怯的小芳……那心中缱绻的归思，也带着嘤嘤鸟啼和馥郁花香！

山重的乡愁，是美丽诗行，是陈年老酒，醇厚芬芳！

二〇一四年十一月于厦门

忘 归

—— 我来上清溪

三十年来，百次以上，听过上清溪的芳名；三十年来，十次以上，有过拜访泰宁的机会，却一再错过。但天地人间，只要有缘，总会相见，今年莺飞草长的暮春时节，终于一偿多年夙愿。在我心中，如果说泰宁是一首词，那是柳永的《雨霖铃》；如果说，上清溪是一首诗，那是古风"行行重行行"……

古城诗韵

"可能十万珍珠字，买尽天下儿女心。"

—— ［清］龚自珍

位居闽西北武夷山南麓的山城泰宁，古往今来，无数华章丽赋，歌吟过她那卓尔不群的丹霞胜景、惊世骇俗的奇绝山水，以及辉煌厚重的人文底蕴，因此诱惑了无数风流雅士、四方游子纷纭杂沓而来。

从来多是看景不如听景，但此行泰宁，却意外发现，任你妙笔生花，也难描尽泰宁风光。足见"纸上得来终觉浅，绝知此事要躬身"是至理名言。

车抵泰宁，时值正午，竹影迷离，满目或红或白的夹竹桃在春阳里恣意怒放，花与树温润微馨的气息扑面而来，飘入眼帘的是背衬青山的一排排坡顶、粉壁、黛瓦、翘角、马头墙的新徽派建筑，有如一群群奔马热情来迎远客。

步入县城，已是午后三时，素有"汉唐古镇、两宋名城"美誉的长街短巷，处处流传着"隔河两状元、一门四进士、一巷九举人"的种种传说，处处镌刻着朱熹、杨时、李纲等历史名人的云游足迹。尚书巷里，明朝兵部尚书李春烨气派恢宏的尚书第，双双乳燕呢喃着往昔的繁华。红军街街头，老一辈无产阶级革命家周恩来、朱德、彭德怀、陈毅、刘伯承、聂荣臻、杨尚昆等，当年在此指点江山、运筹帷幄的遗痕历历如昨。

依依暮霭里，明光可鉴的青石板路，当年古朴的屐声依稀可闻；绿苔斑驳的老井，汩汩清泉诉说着岁月沧桑；曾经芳姿绰约、演绎过多少人世爱恨悲欢的水廊桥，如今已古色古香沉静如哲人；那古老传承的梅林舞、傩舞和灯舞；那名闻遐迩的岩茶、擂茶和藤茶，充满野性的风姿和沁人心脾的芳香，让你不知今夕何夕。至于灵秀泰宁的大金湖、大峡谷、九龙潭、猫儿山、状元岩、红石沟等等诸多胜景，明朝文人池显方曾描述："转一景如闭一户焉，想一景如翻一梦焉，会一景如绎一封焉，复一景如逢一故人焉。"那是非常贴切的形容。

泰宁古城，有一种浑然大气的古韵，有一种浮生若梦的诗境，有一种陶然物外的脱俗。走近泰宁，宜抖落红尘，放下心累，无忧无虑、无牵无挂、气定神闲、怡然自得地去亲近她，痴情如逢初恋；品味如对佳茗，执着如老僧入定，天真如稚童嬉游，忘物忘我，方解其中真趣！

山魂水魄

"水枕能令山俯仰，风船解与月徘徊。"

——［宋］苏轼

同行友人张锦才先生告诉我，泰宁虽众景皆美，但极品在上清溪，嘱我一定前往探胜方不虚此行。对于上清溪，我已心仪多年，加上张兄敦促，于是欣欣然踏上上清溪之旅。

上清溪位于泰宁东北部，从县城到上清溪大约二十二公里。上清溪全长五十多公里，已开发漂流的十五公里，有九十九曲、八十八滩、七十七弯、六十六峰、五十五岩、四十四景、三十三里。

农历四月初四午后，我与月生、全然、璎珞三人，沿长兴公路到长兴村于瑶坪，进入上清溪景区。一路上，山道萦纡，翠竹苍松遮天蔽日，野花舒放如笑靥，芦苇摇曳似招手，满目绿意，一派生机。至朱口溪码头，两山夹峙，一脉青葱流水婉转逶迤而去。迎着船娘招呼上了竹筏，只见轻篙一点，竹筏即穿山渡水款款离岸前行，人呢，一下子便滑入峡谷山水丹霞画廊——眼前，峭壁如刀，如剑，如冲天火炬，如遮日彤云，如玉山倾倒，如翠蔓腾挪，游云拂面而来，美景伸手可握，真有"山从人面起，云傍马头生"之感。因山势阻隔，九十九曲溪水，短则百把米，长则二三百米，每一曲的终点皆为断崖绝壁，令身临其境者，惊喜、惊叹、惊险，心如逐鹿，目不暇接。

千秋万代沧海桑田地壳变迁，大自然的鬼斧神工，将这里古老的陆相沉积岩，荟萃成千姿百态的奇峰异洞，造就了妙如仙界的碧水丹山。沿溪而行，那山石，庞然大气，如鲤鱼跃龙门、如金钟倒悬、如五老看山，如海市蜃楼，如阳光三叠，如驼峰，如象鼻……最神奇精美的是落霞壁、千嘴岩、百褶谷与孔雀开屏——由于水位落差大加上水流湍急，小小竹筏跌宕起落，总令我小心翼翼，惊魂不定，实在记不得转过多少滩和弯了，忽见一片美丽的红霞自天际飘落，不禁忘了山陡溪深，竟站立船头欢呼雀跃。船娘说，这就是上清溪最美的落霞壁。落霞壁是风的杰作，千年雄风将倔强的岩石镂雕成大大小小的洞穴，这座艳丽如丹的巨大岩壁，高达八十多米，望之绚丽如晚霞，璀璨如火焰，岁岁年年，温暖着峡谷的清寂与空寥。我对同伴说，这是一首诗哪！妩媚的船娘面有得色："何止一首诗呀，你看前面的百褶谷——波浪起伏，曲折分明的岩壁，铭刻着水流切割的痕迹，一年四季，岩壁上点缀着不同的植被和花草，很像现代女孩五颜六色的百褶裙呢！"

行舟抵达千穴云集的千嘴岩，不可思议的是，一个个洞穴，形神毕肖地有如一张张灵动的嘴，或欲言又止，或喋喋不休，或嗷嗷待哺，或哈哈大笑，或浅唱低吟，或仰天长啸，或喜或怒，或哀或乐，尽在一山之中，沉默的石头会说话，虽然无声，无声的语言里，演绎的却是百态人生。年年岁岁，天地山川，默默地聆听着它们永恒的倾诉……于是，我想起了陆游的名句"天机云锦用在我，剪裁妙处非刀尺"，此千嘴岩之谓乎？

在象鼻岩对面河岸，我看到一棵紫藤，其纤长柔曼的枝叶，在高峻的峭壁上，浮衍出一幅巨大的活灵活现、妙相天然的孔雀开屏图，其构图之完美娟丽、笔法之流畅严谨，形神毕肖、呼之欲出，即使丹青妙手，亦当叹为观止！山风拂过，孔雀栩栩如生，这便是脍炙人口的上清溪上品洞穴"孔雀开屏"！

乘竹筏沿溪而下，清溪奇观中另一精彩、丰富、迷人的精华风景——两岸崖壁上惟妙惟肖的丹霞小品，如鲨鱼嘴、猫头鹰、老虎爪、仙人脚等等，更是不计其数。

当然，在这里，也有人迹罕至、古木参天、山岩崩塌的处女峰，"阴风搜林山鬼啸，千丈寒藤绕崩石"，那便是富有探险意味的景观了。一般游客，包括我，还是喜欢它那"春山叶润秋山瘦，雨山黯黯晴山秀"的诗情画意。

上清溪深藏于群峦叠嶂的褚石翠峰之间，蜿蜒于平坦如街的峡谷、幽深如巷的巷谷、壁立一线的线谷之中，弯多、滩急、山高、林密、峡逼，"山重水复疑无路，柳暗花明又一村"，衷肠九曲，千回百转。天为山欺，水求石放，溪水或急湍成滩，浅不没膝，或沉湎成潭，深不可测，宽处不过三丈余，有如青绸匹练轻扬飘拂，窄处宛若江南小巷，舒展双臂便可撑山而立，恰似纤腰束素锦带翩翩。天留一线，仅容片筏通行，人来则希声悠然，空谷传音，无人则清旷沉寂如地老天荒。

上清溪以野、幽、奇、趣，构成了举世罕见的千年峡谷曲流壮观，那一种奇特丹霞野性幽溪的斑斓瑰丽，与原生态古风的隽永清丽，融漓江之水、武夷之山、张家界之风景、九寨沟之色彩、三峡之险峻于一炉，令你怡然陶然、流连忘返！

花音鸟趣

"芳树无人花自落，青山一路鸟空啼。"

——［唐］李华

行程过半，已近黄昏，一鞭夕照忽隐忽现，逡巡在清澈油绿的溪面上，竹筏过处，水中沙石清晰可鉴。我探身掬水，许多小鱼在指间穿来穿去，荧荧地闪光。我看见沿溪古树垂藤，藤上生苔，阳光下晶莹闪烁如翡翠。生在水边的珍贵树种桫椤杉、生于岩腰的长叶榉三五成丛，黄花菜、卷柏、檞蕨、不韦、龙须草、乌冈栎、毛竹、青冈、闽楠、喜树等随处可见，五彩缤纷的花草，描绘出山间万紫千红的春光。

飘至兰花峡，岩壁上处处都是兰草，斜阳里墨绿镶着金黄，轻盈袅娜如秀女。据说开花时节，绝色幽兰，清香弥漫整个峡谷，香味沁人心脾；转过双乳峰，悬崖间探出几树野百合，其花如雪，大家正感慨大自然的慷慨赐予，想不到船娘竟蹦出一句："野百合也有春天！"众人不禁相顾会心一笑。船娘指着一团品相平常的小草说，那是还魂草哪，即便是天旱枯萎成衰草，只要遇到一点水，立即还魂重生。此刻，船娘一亮歌嗓："上清溪，满山都是花，哥哥采了一朵花，给妹来戴下……"夹带浓浓野味的情歌，在峡谷间回旋，撩起花香，也惊起鹧鸪一片。

峭壁上还有锥栗、竹笋、木耳、红菇等种种山珍，还有无数美艳葳蕤的无名花草，它们恣意蔓延，生气勃勃，这种花刚谢，那种花又开，天天都有生日，四季都是花期。"繁枝容易纷纷落，嫩蕊商量细细开"，它们用不息的抗争和追求，诠释着生命的永恒，它们是上清溪真正的主人！

一路漂流，总见一只白鹭，忽左忽右，伴舟而行，那是我家乡厦门的市鸟呀，没想到竟在这儿相遇，真有他乡逢故知之感！同行者璎珞，兴高采烈地指着前面山隈一只黑头白尾的鸟儿高喊："看，多美的小鸟！"船娘说，那是雄相思鸟，红尾相思是雌鸟，它们从不成双成对，都是独来独往，那是单相思哪！话音未了，又见一群白鹇袅袅婷婷而来，歇在忘归峡下，颇有闲庭信步的隐士风范。竹筏款款前行，花丛中，忽然闪出几只云燕，脑子里浮起文天祥"满地落花和我老，旧家燕子傍谁飞？"的诗句，心中便有了几分时不我与的淡淡忧郁了。此时，林梢丛隙里，传出了树鹊、画眉、山雀等鸟儿悦耳的啼鸣，那生命的跃动，让人又心生欢喜。到了最狭窄的情侣峡，抬头一线天，竟然有一只苍鹰在高高的天空上盘亘不动，那一份孤傲，竟是三闾大夫屈原和乌江英雄项羽的写照，喧嚣的城镇，那是断然看不到这样潇洒凄美的身影了！

在"千奇藏幽谷，万芳盈一峡"的上清溪，水下、空中、岩壁，到处可见生命的足迹，到处流漾着花音和鸟趣，到处弥漫着天籁与诗意，当你身临其中，不知不觉地，仿佛也化作一花一鸟一木一石，与大自然无边风月融为一体！

心灵放牧

"心同野鹤与尘远，诗似冰壶见底清。"

——［唐］韦应物

　　如今，大千世界多少原始风情，已然远离我们而去。上清溪的珍贵之处，在于她还保存着大自然原生态的清纯和美丽，保存着未经人工雕塑的古拙与神奇，她让你一旦相识，此后不管历经多少年头，仍然会依依回首。

　　走进上清溪，要有"远看山有色，近听水无声，春去花还在，人来鸟不惊"的宁静之心，要有"花枝春满、天心月圆"的慧眼。上清溪，在你旷古沉寂的壁立千仞前，在你百折千回的多情碧流间，在你云端古刹的钟声里，在你花香欲醉鸟韵悠然的恬恬好梦中。你，是人们放牧心灵的芳草地，你是扰扰人世间可以明心养性，可以卸下世俗面具如婴儿，可以享受"春有百花秋有月，夏有凉风冬有雪，若无闲事在心头，便是人间好时节"的圣洁之地。

　　因此，上清溪啊，人世间有你，可以少却几多浮躁与争端，可以增添无数和谐与圆满。你是现代世界里难能可贵的可以让人清怀洗心、可以令人不知老之将至、可以叫人乐而忘归的地方！

　　　　　　　　　　　　　　　　二〇一二年端午节于厦门

美丽的香港

这是一颗真正的东方明珠,过去,我对她的误解多于对她的了解。

远　眺

儿时,我曾随父母乘客轮经香港回故乡,船抵维多利亚港已是黄昏,大人们上岸去了,把我和弟弟留在舱中。香港在我的记忆里,只是潺潺如催眠曲的浪语涛声和一片橘红色的奇妙如童话的灯火。

去年十月到香港,算平生第二次也算第一次。

那一天从厦门和平码头搭"集美"号,蓝天碧海,顺风顺水,海行一昼夜,第二日黎明一觉醒来,香港外郊已遥遥在望,绿葱葱如春秧的海面上,浮泛着点点云山,似髻如螺——这一串串小岛是香港之外的离岛。离岛上,劈青山而建高楼,一律是雪白的高层楼群,如碑如林——全是欧式建筑,极为豪华美观。凭舷远眺,有白色巨大的雷达群停泊海面,有白色的巡逻艇游弋海中,给人以现代化良港的美好印象。

经本岛,香港名胜海洋公园、浅水湾、深水湾、太平山、老衬亭等如画卷舒展,从眼前飘过。沿途风景美加上建筑美,令人心旷神怡,如置身画中!

早饭后，香港沙滩在望，沿岸绿树如林，在晨风中婆娑袅娜如迎远客，香港——这妩媚的东方之珠，已近在咫尺。

十时许，驳船将客人带往九龙大角咀码头。一上岸，就碰上笑眯眯如弥勒佛的鹭江大厦港方总经理施先生和他美丽的太太，大家亲切握手，这位既是企业家又是香港《文学报》总后台的乡亲，殷殷至嘱择日接风后方才分手。

大角咀濒临维多利亚港——这儿是世界三大良港之一，沙明水碧，风光秀丽，使人想起故乡鹭江畔的东渡新港。

初　会

中旅社的导游小姐杨丽芳、何慧英早已候在码头，将旅游团一行数十人带上豪华大巴。于是我们开始了真正的香港之旅。

香港给我的第一印象是高楼林立，车水马龙，令人眼花缭乱。有意思的是司机一律坐左边车座而行人也一律靠左走，更有趣的是车子也住高楼——十来层的大厦，一层层如螺旋盘旋而上，汽车按顺序一辆辆开上去"停泊"在楼中。我请教杨丽芳小姐为何如此，她说："这是停车场，香港地皮少，建筑大抵向高空发展，所以有了汽车住洋楼的奇观！"

杨小姐又说，香港交通非常发达，飞机、火车、轮船、地铁就不用说了，汽车密度也是举世闻名，有一种电气火车开三十五分钟就到深圳罗湖。

说话间，大巴停下，何慧英小姐请游客下车共进午餐。

大家走入预先定席的"红磡四季火锅"。初看店面，以为不过是风味小吃店而已，谁知一进店内，竟如走入书香人家的客厅一般，迎面而来的是龙飞凤舞、镶嵌在玻璃镜柜里的宣纸对联：

人生得意须尽欢

莫使金樽空对月

还有泥金红底的关于茶、酒的诗词书法、山水丹青，古色古香古趣，传统的中国国粹，给这酒家增添了风雅的文化气息。侍应生彬彬有礼笑容可掬，端香片递手巾好不殷勤，台布、桌椅、刀叉、盘碟无不整齐洁净，令人身心愉悦有宾至如归之感。

说是四季火锅，其实吃的是广式酒席，汤头味道与广州大同小异，只是便餐也按大宴规格，小碗小碟分菜分汤，给客人以十分的方便和满足。

饭饱茶足之后，众人登车经海底隧道至香港，沿途经繁华热闹的尖沙咀、湾仔，高摩云天如倒立方瓶的威尔斯王子大厦，银光闪烁的汇丰银行大厦，至香港的心脏地带中环——世界三大金融中心之一在此，然后停车在中环一带的绿晶酒店。

那由深绿浅绿柔绿嫩绿组成的美丽幽雅的“绿晶”楼，便成了我暂时停泊香港的方舟。

下午略事休息，明知内地妹仔两袖清风，却有亲朋好友同学老师不断打来电话，使人心里不免涌起一缕温热。

黄昏，杨、何二小姐带我们乘车上珍宝轮游玩。珍宝轮上，灯火辉煌，筵开千席，游客盈船，灯红酒绿，觥筹交错，好一派繁华升平景象。乐池中歌星唱了一曲又一曲，大抵是流行歌曲，也跳迪斯科，彩灯明灭。歌声舞态，倒也平平，应景而已。依船舷，望四周楼层海面,无数灯火织成一张金光灿烂的巨网,网住整个香港岛,维多利亚港便成了一条珠光宝气艳丽绝伦的金项链,不夜的九龙机场通明如昼,每隔五分钟便有一架飞机起飞——据说香港每夜仅灯光一项便耗金一百万美元,那一份豪华,可想而知。

船上遇首批回大陆探亲的台湾旅行团,知道我们来自厦门,极为亲切热情,忙将桌椅并作一处促膝交谈,颇有"他乡逢故知"的情味。

深夜归来,长街灯光似水,高楼广厦霓虹灯如彩色的眼睛,招商局、当店、天桥的灯光,一一如流星忽闪而过。到了夜间,豪门淑女般的香港才露出了她浓妆艳抹之下的雀斑与皱纹。

沙田·宋城

沙田以前应该是香港郊区农村,现在却是赫赫有名的卫星城,从九龙乘车,十来分钟便可抵达。

车入沙田,树绿花红水清沙白,空气顿觉新鲜许多。而且耳目清净,少了许多城市喧嚣。

扬名世界的沙田跑马场令人叹为观止。这儿拥有可供七万人参观的看台,具有世界最大的荧光屏,以及最现代化的跑马道。这儿的马匹,配备有专门的音乐室、按摩师,每日清晨必须由专人带到草地上散步。

三座高耸入云的大厦——希尔顿中心、伟华中心、新城市中心并连一起,形成了一套宏伟壮丽的高层建筑群落,楼下三座巨大的圆形音乐喷泉,水花喷洒如珍珠飞扬,乐声袅袅如流泉淙淙,四周纤尘不染,给人以高雅美丽洁净舒适之感。二楼连着地铁,有图书馆、大会堂,以及食物、服装、鞋帽、百货、眼镜、书籍等各种商场,三楼另设地铁商场、楼中公园、儿童娱乐场、欢笑乐园等。在这样的地方，一切的生活、娱乐设施全部具备，足不出户便可以享受最现代的物质与精神文明，方便、舒适自不待言，现代化的建筑艺术加上高效能的综合利用，实在令人赞叹不已！

据说二十世纪六十年代的沙田还相当萧条，最艰难的是居民的吃水问题——四天才供一次水，逢上供水日，孩子不上学，职工不上班，专门候水。当时，党中央对沙田缺水十分关心，特地指示引广东东江水进新界，才解决了喝水难题。接着，政府建设丁屋给当地菜农居住，又不断盖高楼大厦工厂，于是，菜农们在附近找工作十分容易，加上地铁、汽车、小巴来来往往，非常方便，沙田才真正改变了六七十年代的景观，成了香港一块幽静秀丽又闪烁着现代化光辉的沃土。

宋城的名气很大，但亲临其境，也不过是十里洋场四周摩天大厦中一角玲珑的人造古迹、一个小小的假古董而已。但回头想想，在这能有这么一点民族传统文化，也算难能可贵。

宋城是一组仿宋建筑群，飞檐起脊，厅堂街巷，一如宋时建制，连城内全体工作人员，不分男女老幼，也一式宋朝打扮。走进城里，长衫方巾，彩裙螺髻，连说话也带三分古典滋味，令人以为误入戏台。最有意思的是蜡像馆，内塑历代帝王七十人，每一尊帝王皆形神兼备，栩栩如生，四周的环境又极和谐，给人一种历史氛围："江山代有才人出，各领风骚数百年。"对于中外旅客，参观蜡像馆的意义远远不止于猎奇，它是一部立体的中国史，它给人以知识和思索。宋城的餐馆也是宋代模式，有宋代文人墨客苏东坡、欧阳修、周邦彦等人的诗词书画，一派文墨书香气息。

另一馆中设有各类作坊、药房、相术馆、食品摊等,连同堂馆侍女,皆是宋时模样。好一派盎然古趣。

问起宋城何人所建,何小姐指着墙上牌匾,方知是明仁船务贸易有限公司施永宗先生捐建,这一别出心裁的建设,不能不说是一大公益善举。

走出宋城也是走出历史,门外正拓道路,建高楼,工地上汽车奔驰,推土机轰鸣,那一种现代景观,使宋城之游转瞬便成为梦境。

水中之诗

香港海洋公园里的海族馆留给我的是诗的记忆。

一进门便是珊瑚的世界,什么笙状珊瑚、菌状珊瑚、莴苣状珊瑚、桌状珊瑚、柱状珊瑚、脑状珊瑚、花絮珊瑚……红橙黄绿白蓝紫,千姿百态,五彩缤纷,在柔和的灯光下,更显得婀娜多姿、仪态万方。

海藻乎? 花朵乎? 动物乎? 石头乎? 珊瑚的真正身份,多少世纪以来一直是一个谜。于是,海族馆里有了诗一般的介绍:

——因珊瑚不会走动,有些科学家便认为它是植物。

——哲学家亚里士多德则认为它是会开花的石头。

——而中国古代文献却往往将珊瑚列入金石部分与珍珠翡翠同类。

这些争议直到十八世纪才有结论,在一七二六年,法国人裴逊尼基于长期观察活珊瑚生态之后,发表文章认定珊瑚是动物而非植物,自此,珊瑚的身份才正式被确定。

我看见水中的活珊瑚,长长的触角翕动如呼吸,米兰大小的艳红色的珊瑚花正悄悄地开放，有银色和深蓝色的鱼儿游弋其间。

我看见散漫似星群的橙色珊瑚在淡蓝的水箱里有如一江星斗，长长的黑色金边海蛇正写意地来回穿行。

我看见乳白色的珊瑚花像少女纤柔的手指。

我看见粉红色的珊瑚花像婴儿小小的手掌。

如菊花盛开的珊瑚树丛，长袖善舞的鱼娘环绕左右。

如樱唇微启的珊瑚花心，微微颤抖的珊瑚花蕊像姑娘含情脉脉的微笑。

有碧绿的珊瑚树如热带生机盎然的雨林。

有洁白的珊瑚礁如西伯利亚茫茫的雪野。

这些美妙绝伦的珊瑚，其形、神、色，丹青怎能描摹？难怪，平日或像窈窕淑女，或像高贵绅士，或如文官武卫、行伍军人的大鱼、小鱼、海龟巨鳖，全都拜倒在幽雅脱俗、千娇百媚的珊瑚公主的石榴裙下！

有人说珊瑚是水中之诗，海底雕塑，参观了海族馆，信此言不诬。

谁也想象不到在这里，珊瑚这小小的腔肠动物具有何等神奇的魅力！海族馆用科学的阐述、画的结构、诗的内涵以及现代化的灯光艺术，使它在游客心中留下了永恒的美好的记忆！

过山车及海豚

海洋公园的过山车令人终生难忘。

那过山车，车厢如气球，有红白二色，最高处离地二百多米，铁轨如腾空巨龙，三折盘旋均成九十度角，人必须在空中作两个高速全滚翻。未尝过滋味的跃跃欲试，已阅历惊险的摇头不已："乘此车，一次已矣，岂可再乎？"

也许乐于冒险是人类的天性之一，我当然也不肯错过机会，登上车厢卡上安全杠时心里虽仍不免有几分犹疑，但已经上车就绝无下车之理。待经过翻天覆地翻江倒海翻肠倒胃的一番惊险下来，我的感受是，如同同行的张先生说："坐一回过山车，真把人生的甜酸苦辣全尝遍！"

下车踏上平地时面孔铁青毫无血色仿佛大病一场，耳边许久许久仍是高空中飞车与铁轨相触时震耳欲聋的轰鸣。

在香港的那充满色、声、光等种种刺激的社会里，过山车也算是其中一种吧！

当然，公园里富于刺激的娱乐项目不止过山车，诸如能将人几十次地一会儿抛上天空，一会儿摔下"深海"晃得你翻白眼吐黄水的海盗船，还有几十辆飞车围绕一个圆圈，开动时如张开的螃蟹的"八大爪"以及太空轮、过山龙等，无不惊心动魄，令人有九死一生之感。

如果在平淡无味的生活里要增添一点椒辣味，必须到海洋公园来。

但过山车之类留给人的记忆远远不如那随着音乐翩然起舞的海豚。那海豚或单只或成群，按着音乐的节拍，井然有序地前行、后退，顶着彩球做出各种美妙动人的姿态，那形象就像聪明可爱的孩童，一举手一投足都充满天真烂漫的气息，那神态又像高贵的艺术家，有一种进退合度舒展自如的迷人风度。

我不能不由衷佩服训练师坚韧不拔的毅力和炉火纯青的技艺。

百鸟居和标语

如果你没有到过香港海洋公园，实在无法想象在香港那样高楼林立连蓝天都被建筑群切割得支离破碎的繁华都会，竟能存在如许美丽的小鸟乐园。

沿通幽曲径上山，便见翠草茵茵如地毯，绿树扶疏如屏风，随处山花烂漫，野藤蔓延，瀑布哗然，流水潺潺，令人如入深山野林之中，完全的自然情趣。耳边忽有鸟语啾啾，抬头一看，有白臀山麻、朱连雀、翠绿斑鸠、阔嘴翠鸟、绿啄木鸟、橙头地鸫、黑枕黄鹂、蓝和平鸟、鱼狗、椋鸟、黑头伯劳等几十种鸟儿正嘤嘤啼鸣，似婉转歌唱又似呼朋引类，见游客，一双双眼儿滴溜溜地睨人，一点也不害生。山中有水塘，红鹭、绿头鸭、圣鹭、白鹭、白腹秧鸡，或嬉水，或凫游，或仰首亮翅翩然如舞女，或低头含胸信步如夫子，真是翠羽斑斓，花团锦簇，令人目迷五色。

望着"百鸟居"三个大字，我心中正诧异这么多美丽的鸟儿，纵有山泉花树，难保不远行高飞。导游小姐似乎颇解人意："诸位抬头，看看天空！"

哦，高高的天空，布下一张天罗地网，尼龙网络，细密晶亮，肉眼不易看清，毕竟小鸟们的命运还是掌握在人类的手心里！

步下山来，有一精致的鹦鹉馆，各种玲珑的鸟笼里花架上，千姿百态、艳丽夺目的鹦鹉：德国无花果、侏儒鸟、黄枕阿马逊、非洲灰鹦鹉、新安吸密鹦鹉等，"巧舌如簧"，或歌或诉，令人不胜愉悦。

最逗人游兴的是建于芳草地上的鸟屋——有形似巨大时钟的黄

色小屋，有半圆如初八九的月亮的红色小屋，有翡翠瓦杉皮柱亭亭立于水中的八角小屋等，屋顶分别插着形形色色的鸟国国旗，屋里居住着各种各样的鸟国居民，鸟语交汇如扰扰市声，鸟友来往如温温人情，实在可爱极了！一座鸟屋是一个童话，它给人的享受远远不止是百鸟和鸣陶冶身心的美感，它还给人以纯真的童心和美好的童趣。

百鸟居是香港社会的奇迹，也是香港人心灵中的福地！

海洋公园引人遐思的还有触目可见的标语。在入门行人拥挤处，抬头可见"提防小手"；在低洼湿地，有"地面湿滑，敬请小心"；在园中公共长椅上，有"保持清洁卫生，请勿踏足椅上"；在山上，有"高空掷物致人死伤，自律积德福比天疆"；在水塘边有"注意水深"……

各种标语告示，对游客或关照或提醒或劝勉或告诫或指导或帮助，不论是哪一种情况，标语的内容都是客客气气、文文雅雅，如亲人殷殷相嘱，如师长谆谆教诲，令人看了，心中自然而然地涌起一份亲切感，诚心诚意地按告示去律己诫人。这种告示，看似平常却含情其中，于是自然有一种难以觉察却能够体味的熏陶人心的魅力，它对于维护社会秩序，无疑起了朋友和导师的作用。

海洋公园的百鸟居是艺术，标语告示也是艺术，因此游人过目难忘。

汇丰银行一瞥

一天，我和张先生去参观汇丰银行。

赫赫有名的汇丰银行建在德辅道中中环，一式由银灰色的不锈钢建成，全部造价为五十亿港元。

走进汇丰，经理黄彬先生和公关部甘明艳小姐彬彬有礼的接待使我有宾至如归的感受，黄先生娓娓动听地介绍并热情洋溢地带领我们参观。汇丰的建筑叫人不能不叹服现代科技的威力，它改变了人们对建筑学的固有观念——以前总以为建筑与土木分不开，然而，汇丰的建筑，不见水泥和木头，只有钢铁和玻璃。室内，二百五十块铝镜加上四百八十块玻璃构成的阳光反射镜，

使每一间办公室都通明透亮。

汇丰共数十层，几十个房间一式铺银灰色的地毯，与主体建筑形成统一的格调，每一层楼均设会见外宾客厅。各厅一面可观山，另一面可眺海，太平山的秀丽和九龙的繁华尽收眼底。室内布置高雅整洁，到处有花有树。那些花树盆栽全是精心培育的，如同艺术品一般。

汇丰银行共有职员四千人，但不管你走进哪一间办公室，都静悄悄地无声无息，所有人员全聚精会神地工作，令人如入无人之境。在这里，森严的纪律与高效率的工作密不可分。

当甘小姐送我们走出汇丰，楼下的人行通道修建得如同广场一般，是理想的公众活动场所。

小车带我离开汇丰，从车窗远望这颗香港岛上的银色巨星，我心里有一种真诚的敬仰！

浅水湾半日

以前以为香港没有风景，到了浅水湾，才知道自己孤陋寡闻。

浅水湾是一片湛蓝秀丽的海域。我到浅水湾，是一个秋阳明媚

的上午，入得浅水湾公园大门，迎面而来的是一副苍劲的对联：

爽气西来，云雾扫开天地憾
大江东去，浪涛洗尽古今愁

那气魄颇为雄浑，令人胸襟顿开。园内花红草绿，松风拂拂，有十来米高的观音娘娘塑像，面对大海，海滩上沙白如玉，波平如镜，水清见底，有石桥如龙，探首入海。右边山坡上艳阳下银光闪烁的楼群摩云穿日，衬着蓝天碧海，有如琼宫玉阙一般。左边青峰点点，如碧玉、如青螺，海面芥舟数粒，飘逸如画，游人至此，领略着草色花香，沐浴着天风海涛，面对大自然的清新秀丽，令人不禁心旷神怡、豁达开朗。人世间的蝇营狗苟、商场中的尔虞我诈，一时间全部丢到九霄云外去了。自然环境需要净化，人的心灵也需要净化，浅水湾是一汪净化人心的清泉。

山水因诗书而传世。没有文化的山川再美丽也缺少雅趣。浅水湾虽跻身于十里洋场之中，却到处充满中华文化气息。这里有洛神、王羲之的塑像，有警世的对联：

愿天下翁姑舍三分爱女之情而爱媳
望世间人子以七分顺妻之意而顺亲

这里的亭台楼阁，一律朱梁画栋，飞檐翘脊，给人以古典韵味，而台榭横批竖对，如：

屋后流泉幽咽洽香草

亭前垂柳珍重待春风

烟锁池塘柳

辉增镇海楼

松风水月，未足比其清华

仙露明珠，讵能方其朗润

等等，特别是万寿亭上，塑着三山浮雕，有短联：

东方之珠巨龙遨游

太平万世繁荣九州

有长联：

景衬万寿亭，狮踞龙盘迎瑞气

春临千载海，凤翔鲤跃兆丰年

情景交融，诗意美与风光美相得益彰。

香港人称浅水湾为"人间胜地无双景，天下名川第一湾"，亲历其境，信其然也！

迷人的太平山

太平山原来叫作扯旗山——从前海盗多，人们见海盗来，便登山扯旗为号，故名。后来海上安宁，天下太平，便改作太平山。

黎明时分上山，晨风轻柔似水，绿树氤氲如烟，山间有空中缆车，乘缆车登山如飞鸟腾空，半山富家别墅千姿百态如繁花朵朵，山腰有一座西班牙式与中式珠联璧合的四层楼房。

山中有司徒拔道瞭望台，瞭望台旁边有一石，亭亭玉立如秀女临风，人称姻缘石，问其缘由。原来，石中有一缝，据说游人燃香其间，在烟雾漫漫之中，男可见未婚妻容颜，女可见未婚夫面目，难怪石缝四周香烟缭绕，红男绿女翩然而来，络绎不绝。

山顶有狮子亭，精工细致，古色古香，立亭上，高楼如云，碧水如带，维多利亚湾风光尽收眼底，实在美丽极了。据说狮子亭设有狮子会。这是一个由知名人物、热心人士形成的世界名人组织，旨在发展社会福利事业，亭上有对联写道：

登斯亭而北顾，九龙豪气接中原
窥万物以东瞻，万马奔腾来大海

一夜，同学C君来探望我，问我香港何处最美，我答："太平山首屈一指！"陈君说："你看的是白日的太平山，倘夜游更佳！"

于是兴致勃勃驱车伴我前往太平山，一路上沿山柏油路似巨蟒盘旋，路面有石标如一线萤火，闪着柔嫩的绿光。C君说，那是一块块猫眼石，按等距离打成路标，保证行车安全。山高约海拔四百米，全山碧汪汪的不见一尺裸土，绿化极好。

抵山巅，首先映入眼帘的是对山峙立的大东电报局发射台，如炬红灯在漆黑的夜空里闪烁着神秘的光芒。俯瞰山下，则东西南北，景观各不相同；港岛南部，无数灯火倒映水中，海面如坠宝石万顷，清风徐来，浮光跃金，著名的南丫发电站和置富花园居民小区静卧在美丽璀璨的灯影里，仿若琼楼玉宇。

眺望香港北部，维多利亚港上，无数船舶灯光辉煌，如一串巨大的金刚钻胸针别在港口的胸襟上，仅次于鹿特丹的世界第二大港——葵涌集装箱码头亮晃晃如同白昼，据说这儿的集装箱吞吐量比全国所有集装箱码头吞吐量的总和还大。

中区是香港的心脏地带，东南亚和世界许多跨国公司的银行都设在这儿，它可以左右整个东半球的经济命脉，在这里，高楼林立，多姿多彩的霓虹灯珠光宝气，令人望之目迷五色。

回望东区走廊，高速公路密如星群的灯火像一尾硕大的金蛇，蜿蜒在港岛的东角落。过海的尖沙咀，灯火灿烂如万顷珠玉漫地，叫人分不清海洋和岛屿。不夜的香港岛是一位不睡的美人，从太平山上看夜美人，除尽览万般风情于眼下，还别有一番既辉煌艳丽又朦胧如梦的东方情调。

太平山有山顶公园，公园里草地茵茵如丝绒，松风飒飒似古乐，星月交辉，灯影明灭，好风如水，极清幽雅静，有情侣双双，偎依于石凳石栏，喁喁低语。万种柔情，弥漫山间。

香港具有太平山这样秀丽的山林并不稀奇，稀奇的是身居闹市的太平山居然如许清幽恬淡，温情脉脉，令人销魂。

太平山，憩息心灵的胜地，飞翔爱神的地方！

冰城之遇

刚刚接到哈尔滨友人来信："又到了白雪飘飘的严冬，我们想起了你。来访冰城，可惜竟未领略这儿尽善尽美的冰雕艺术，今年冰雕展出开幕之际，欢迎你来，为了艺术，也为了友谊……"

工作羁身，我不能应邀前往。然而，难以忘怀的冰城人事，却历历浮上心头……

两年前的初春，接受报社总编的委派，我到长春参加一个新闻会议。会罢，应黑龙江日报和黑龙江省作家协会之邀，我乘上北京开往齐齐哈尔的三十九次特快，横穿辽阔的松辽平原，来到北疆名城哈尔滨。

风尘仆仆地下了火车，走出站台，便看见黑龙江省报的老梁、老石和黑龙江省作协的小宋一起来接我。

两个单位两部车，乘坐哪一部？

他们商量了一下，说："就上作协这一部吧，到和平村宾馆去！"

我跟小宋上了车，气温是零下二十二摄氏度，车子在结满冰碴的大街上飞驰。远远地，小宋指着一座高耸蓝天之下、覆盖着斑驳白雪的圆塔形楼房告诉我，那就是和平村。据说这座以欧式建筑风格著称的黑龙江省四大宾馆之一，从前是白俄的别墅。

果然名不虚传！踏入和平村里预定的小楼，红光耀眼的长毛地毯引路，宽敞的卧室、会客厅、卫生间，从四壁装饰到各件器具，全都金碧辉煌，令人如入宫殿。我一看，忙对小宋说："我是一位普通编辑，住这样的地方，报销不了，也不必要。还是到省报招待所去吧！"

"头儿说了，一切由我们包下，你放心好了，万里迢迢，来一趟不容易呵！"

平生第一次来此，人地生疏，只好听从主人调度。

小宋为我安排了第二天的活动项目后，走了。已是暮色沉沉，我上俄式餐厅用膳罢，回到宿处，边取钥匙开门边想：这六七十平方米的大套间，单住我一人，冷清清的实在闷得慌，要是再来个女伴，那可就好了！

这样的念头当然是一闪即逝。进了门，洗了个热水澡，提着外套走近大衣橱。猛抬头，一顶礼帽，一件华贵的男式黑皮大衣、一条长拉毛围巾，傲然地高挂在红枣木衣架上。惨！希望来个女伴，想不到来个男人！

我在心里叫苦：服务台好糊涂，竟然男女不分！急忙开步往外走，可是楼上楼下找遍了，竟然找不到一个服务员。

我忐忑不安地坐在电视机前，边心不在焉地看着苏联电视剧《这里的黎明静悄悄》，边留心着门外的动静。

过了十一时，不见人来，只好和衣而卧。刚躺下，忽听得有钥匙转动之声，慌忙走出房间，一面双手抵着客厅大门，一面高声发问："是谁？"

"我！"厚重的男低音。

"还有谁？"

"我!"温和的女中音。

一颗悬着的心终于放下。开了门,女人进房来,男人独个儿走了。

彼此互报家门之后,却令我大喜过望——原来,这一对儿,便是朝鲜族著名诗人、延边文联主席金哲和他的夫人方彩凤。金哲来齐齐哈尔市开会,夫人随后也来,大会宿舍不够,暂时安排方彩凤另住这儿。中午,金哲就在此休息。一场虚惊,化为喜悦。

方彩凤是一位容貌娟秀、性格开朗的五十岁冒头的朝鲜族妇女,与我一见如故。熄灯上了床,两人还天南海北地神聊了大半夜。

方彩凤告诉我,她很喜欢汉族妇女,《诗刊》的晓钢到延边,就是她陪着上天池。她说天池很美很美,有珍贵的美人松,有可爱的鹿群;那里的温泉,能煮熟鸡蛋,喝了它,还能延年益寿,因此,人们称它"药泉";那里神秘莫测的"水怪",其状似狗,嘴形如鸭,背部漆黑油亮,腹部雪白,这种怪兽,轻易见不到的……

在神奇的长白山风景里蒙眬入梦。次晨六时,便有得得叫门之声,方彩凤下床披衣出去,一会儿,又笑盈盈地进来:"我把你的名字告诉金哲,金哲让我告诉你,他读过你写的东西,很想见见你,不知你同意不同意?"

我当然十分乐意。我也读过金哲的一些佳作,非常喜欢这位少数民族诗人的作品。

匆匆起床梳洗,六时半,走进会客厅,已有两位男同志坐在沙发上。彩凤指着五十多岁、满脸红光、神采奕奕的那一位:"这是金哲!"

接着又告诉我,年轻的那一位是文联秘书。

我们双方热烈握手。

　　谈了诗，谈了小说和散文，谈了近年来少数民族的诗人和作家的作品，金哲忽然想起："前年我和贵省的郭风同志，一起带领作家代表团到菲律宾去访问。回去见到他老人家，代我问好！"

　　我答应着，说："欢迎您到福建来做客！"

　　金哲极为高兴，笑呵呵地朝着他的夫人直点头："我们与小陈，真是有缘万里来相会！"

　　这一对热情豪爽的朝鲜族夫妇，真诚地邀我和他们一起上长白山去。

　　"一见到你，我就特别喜欢。到了延边，你就住到我家去，我的房子宽敞得很！"方彩凤诚恳地握住我的手，要我答应。

　　"长白山的雪景、天池的风光，迷人极了，还有我们朝鲜族的生活别有一番风情，你在江南，见不到的。无论如何你去看看，我们三人陪着你！"金哲和他的秘书，一而再再而三地邀请。

　　能和如此坦诚多情的朋友，一起漫游他们美丽的故乡，那该多美好！我着实动心，然而，公务在身，只好婉辞……

　　当我们依依握别的时候，金哲夫人含着泪："一定来延边，小陈，我们等着你！"

　　金哲也叮咛着："别忘了我们此回相遇，就算不为了长白山，也为了我们老两口的一片心意……"

　　后来我回到了南方。当年初夏，延边举办一个少数民族作家笔会，当地文联发来公函邀请我前往参加，金哲还特地连续打来两封电报。第一封是"请拨冗光临"，第二封是"请一定拨冗如期光临"。可惜仍因公务在身，只好再次婉谢……

　　是年秋天，金哲的儿子北京大学毕业后分配工作，头回来闽、粤出差,金哲夫妇特意叫他来厦门探望我:"爸爸妈妈让我来看看您,给您捎来一点家乡土产。"

于是,小金从挎包里掏出一封信,两条系着红丝绳的长白山参,又说:"爸妈还让我问您,几时去延边?"

我望着小金,望着朝鲜族友人珍贵的礼品,想起了我们奇妙而又美好的萍水相逢,眼里止不住湿润起来……

金哲是我仰慕已久的文学前辈,也是我平生结识的第一位少数民族朋友。他和他的一家,对我如许一往情深。那种质朴而晶莹的情感,有如一泓清泉,至今滋润着我的心田……

于是,那遥远的,和我毫不相干的长白山,便常常惹起我深深的思念。有这样一支歌:

长白山密林里,
清晨的太阳升起,
牛羊成群跨过丘陵,
奔向那辽阔的草地,
啊,我美丽的祖国江山,
啊,心爱的故乡延边!
那优美深沉的旋律,也时时回旋在我心间……

什么时候,我定得去一趟长白山,拜望金哲一家以及他的可亲可敬的朝鲜族乡亲们!

想起金哲,我自然而然要想起冰城热情如火的友人和他们瑰丽如童话一般的和平村……

赣北游思

癸亥初夏，有幸漫游赣北，山川历历，给予我点点智慧的启迪；行踪处处，留下了片片美丽的思绪……

美　庐

六月的庐山，繁华的花事早过了。

黎明，我在牯岭绿沉沉的小街上散步。

忽然，远远望见一树琼花，探出谁家石墙之外，云朵似的柔软，落雪般的晶莹。

近了，才看清那一树超然时令之外的洁白，还透着淡淡的红晕。

哦，云锦杜鹃！

为了采撷庐山之夏的精灵，我踮着脚跟攀上墙裙。

啊，我望见了什么？

一块石碑，刻着描上新漆的两个大字："美庐"——静静地站在院子里的修竹之间。

哦，蒋公馆！

有一百种滋味，涌上我的心头……

半个世纪过去了，风云变幻，日月消长，腐朽的落叶化作了一抔黄泥，坚硬的种子长成了参天乔木，生生不息的云锦杜鹃，不管人间风雨，岁岁年年，如火如荼……

啊，美庐，你为一段历史作注！

过小·乔梳妆台

小乔，江东女儿的骄傲——长江秋水般的才思，匡庐春山似的容貌。

"遥想公瑾当年，小乔初嫁了，雄姿英发。羽扇纶巾，谈笑间，樯橹灰飞烟灭。"

小乔，据说你曾运筹帷幄，为周郎出谋献策，留下了火烧赤壁的千古佳话……

世上有一些挨骂的女人：妲己、褒姒……因为她们，女人便有了"祸水"之称。

可爱的小乔，你为女性，赢得了郁郁芳名！

千古儿郎，都爱慕你，小乔——

周瑜爱你聪慧，给你建立梳妆台；

曹操爱你美艳，给你造了铜雀台；

我也爱你，为你的胸怀胆略，在我心中，给你筑了一座长春台！

大孤山

据说是仙女的一只绣靴，落进鄱阳湖中，才变成了如鞋一般的大孤山——

我想，那是旧时过往商旅寂寥中的单相思！

其实，娇小的仙女，根本与它无缘。不是在中华民族历史上留下巨大脚印的好汉，怎能穿下这硕大无朋的鞋？

大孤山哪，百世千秋永不磨灭的大鞋，你叫人想起代代英豪的叱咤风云、艰辛跋涉！

青云谱

我喜欢国画，尤其仰慕八大山人——

爱他作画时放纵恣肆、不泥成法的笔势；爱他画中清疏的侠骨、飘然的逸气。

如今，来到豫章古城外的"青云谱"八大山人隐居多年的风雅幽深院落。

一幅幅笔简意蕴、潇洒脱俗的水墨大写意，一方方"笑之""哭之"的八大山人图章、题款，引起了我画外的思索：

八大山人，一位藐视权贵、敢笑敢哭的封建王朝的逆子贰臣；

八大山人，一位以画写心、寄寓家国之痛的耿介之士；

八大山人，一位反对因循守旧，勇于革新的画坛领袖！

没有思想，没有气节，便没有艺术的灵魂。八大山人，你名满天下，难道仅仅是因为技艺超群？

庐山云

诡谲的庐山云，你迷惑了多少世人的眼！有人赞你虚无缥缈，如梦如烟；有人爱你似是而非，朦胧莫辨；有人夸你妩媚多姿，随

骄傲的庐山云，你果真也有些伎俩：气吞中国第一大湖的含鄱口，

有时也会被你一抹流云遮蔽了!

轻飘飘的云哪,你却占据不了我的心。要是没有庐山俊美挺拔的风骨,要是没有长江畅达丰盈的血脉,你呢,不过是一缕四处流浪的孤魂!

你可知道?庐山云,你是依托着名山大川,炫耀着自己的美色呢!

梦见了泰戈尔

初春的夜，美丽的梦，青草一般生长……

我看见东方伟大的诗翁泰戈尔老人，坐在他家的七叶树下；

而我呢，却化作了他家门前的詹波伽——印度圣树上的一朵金色花。

老人娓娓地、娓娓地朗诵，朗诵着他的《吉檀迦利》。

啊，那不是诗歌，那是仙乐！

伴随着美妙的仙乐，出现了广袤秀丽的孟加拉国山川，走来了一个个柔婉娟美、惹人爱怜的印度女子，一群群天真烂漫、活泼聪慧的孩童……

"我把你（们）的事迹编成不朽的诗歌！"老人真诚地说。

我深深地感动了——

在诗人笔下，女人是天使，孩子是安琪儿，没有歧视、没有侮辱、没有桎梏……

"咦，这花心里的露珠多美！"老人放下诗集，走近我，抚摸着我金子一般的花瓣。

我多想告诉老人："先生，那不是露珠——为了您的《新月集》《飞鸟集》《吉檀迦利》……为了您深情歌唱女性和儿童的一片心意，我流泪了！"

可是，我说不出！

我多想告诉老人："先生，您的诗名，远远地超越了您的国界，全世界的母亲、孩子以及热爱他们的男人，都会记住您！"

可是，我说不出！

我多想握住老人的双手，对他说："先生，我不是詹波伽，我是一位中国女子！可我甘心做一朵金色花，永远立在您故居门楣。默默地、默默地，为母亲和孩子，留一树芳菲。"

可是，我不能！

初春的夜，美丽的梦，青草一般生长。

我看见了，看见了母亲和孩子永恒的朋友、慈祥的泰戈尔老人！

夏 天

我特别喜欢夏天。

夏天，柔嫩的春成熟了，化作了大地山川蓬蓬勃勃的、无遮无拦的壮绿，它使人想起了美好的青春，那任何台风暴雨也摧毁不了的如火如荼的年华啊！

夏天，根在创造、茎在创造、叶在创造、花在创造，动物在创造，人类在创造，大自然的一切生灵，都在创造。为了秋的果实，他们不惜献出自身的一切。这令人崇敬的创业者的季节啊！

夏天的晚上，月牙儿鲜美有如一只熟透了的香蕉；墨水晶般的海面，三角帆摇着醉人的小夜曲；一株株华盛顿棕榈，是一座座幽会的凉亭；忽明忽灭的萤火，映着彩蕈一般的花裙；风是柔软的，像情人的手，空气是清甜的，如柚子花飘落……

夏天，有血汗与骄阳的拼搏，有给予和创造的欢欣，有花中的密约，有月下的轻歌……

没有一个季节，热与凉、动与静、艰苦与欢乐、奋斗与享受，这般对立，又这般调和！

人生啊，要能像夏天那样丰满，该有多好！

秋

风吹来，水也似的凉，咽了蝉鸣，低了泉声。小草尖儿，露出了金镶边；敏感的梧桐，一叶叶，离枝落地；人字大雁，驮着黄昏，啊，秋天！

我走在飒飒秋风里，我的思绪，浮沉于春红夏绿、花香鸟语……伟大的造物主啊，你竟留不住一树碧色、一声莺啼！

惆怅，迷蒙有如游子依稀的乡愁，如亲人久远的别离，如一次消逝如梦却永难忘情的艳遇……

忽有菊的幽香，淡淡的，如一场春雨，洒遍我清寂的心。

啊，"虽惭老圃秋容淡，且看黄花晚节香"！

我欣欣然忽有所悟了：

何必眷恋于万紫千红呢

不也有傲菊，为霜秋，孕着春意？

我想，到了人生的秋，我便做一朵菊！

小楼春雨

一个烟雨迷蒙的黄昏，我匆匆穿过城东一条幽深的小巷。

一枝斜逸墙外的粉梅，勾住了我的尼龙花伞。我抬头一望，啊，楼上的乳白色球形吊灯多像一轮明月！料峭春寒里，一下把我的心照暖。

我想起了苏珊娜！娟丽、聪慧、多情的阿珊……

二十几年前，我们一起随长辈从南洋回故乡，她就住在这幢父亲置下的哥特式的黄楼里。

从小学到中学，我俩都在一个学校，天天形影不离，一起出入这幢小楼。有一回我病了，两天没上学，珊娜竟在教室里抽抽搭搭地哭起来。

那时候，珊娜的阿嬷还在。老人爱养花，把院子侍弄得像个小花园。在她们家里，我见过春的夹竹桃，夏的茉莉，秋的蟹爪菊，冬的红梅、白茶、剑兰……我的母亲和不少归侨朋友都喜欢上这儿来，和老人一起喝咖啡、叙家常，相互打听南洋亲友的近况。

珊娜和我都热爱文学。上中学后，两人常躲在小楼里看书。有一天，我们合读一部法国小说，看到书里描绘的巴黎郊外景色：娇艳的秋阳下，美丽的松鼠在金色的森林里快活地跳来跳去……我们都沉醉了，恨不能骑上神奇的魔毯，一下子飞到"枫丹白露"。

后来，一到假日，我们常常一起到公园，倚在晓春桥畔寻诗，躺在琵琶洲上望月；一起到菽庄，坐在"海阔天空"下听潮，浮在千顷碧波上浴日；一起到万石岩，登上"天界"揽天风，钻进"仙洞"探仙井……

我对珊娜说："枫丹白露算什么呢？雾巴黎一朵苍白的花罢了。还是我们的故乡美！"珊娜快乐地大叫起来："故乡最棒！"

珊娜是一位出色的小提琴手。记得她为我演奏过克莱斯勒的《维也纳随想曲》，琴声凄伤处，催人泪下，而她一拉起《美丽的罗斯玛琳》，女孩子们便忍不住要翩翩起舞。

后来，珊娜的阿嬷去世了，父亲把她接到海外。她家的小楼几经辗转，最后成了一家街道办的玩具加工厂。一到夜间，黑漆漆的不见人影。

依然春花秋月，可惜人去楼空。从此，每回经过小巷，我总匆匆而过。抹不去的思念如潮汐，朝朝暮暮上心头。

珊娜在法国求学时曾给我来信："枫丹白露迷不住我，'月是故乡明啊'！可是，小楼几易其主，纵使归去，何处落足呢？"

转眼十年。今夜，小楼怎又亮起灯光？

蓦然间，《F大调奏鸣曲·春》那生机盎然的旋律像鸣泉，从楼上潺潺流下，打断了我的沉思。

"阿珊！"我用劲地敲门。

"啊，莺姐！我是阿琳。珊姐乘下一班船回来过春节。快上吧！政府把楼房归还我们了，我刚回来没几天。"苏珊琳一把将我上久违的小楼。

满城春雨，依然默默无声地下着……

课本里的作家

序 号	作 家	作 品	年 级
1	金 波	金波经典美文：第一辑 树与喜鹊	一年级
2	金 波	金波经典美文：第二辑 阳光	
3	金 波	金波经典美文：第三辑 雨点儿	
4	金 波	金波经典美文：第四辑 一起长大的玩具	
5	夏辇生	雷宝宝敲天鼓	
6	夏辇生	妈妈，我爱您	
7	叶圣陶	小小的船	
8	张秋生	来自大自然的歌	
9	薛卫民	有鸟窝的树	
10	樊发稼	说话	
11	圣 野	太阳公公，你早！	
12	程宏明	比尾巴	
13	柯 岩	春天的消息	
14	窦 植	香水姑娘	
15	胡木仁	会走的鸟窝	
16	胡木仁	小鸟的家	
17	胡木仁	绿色娃娃	
18	金 波	金波经典童话：沙滩上的童话	二年级
19	高洪波	高洪波诗歌：彩色的梦	
20	冰 波	孤独的小螃蟹	
21	冰 波	企鹅寄冰·大象的耳朵	
22	张秋生	妈妈睡了·称赞	
23	孙幼军	小柳树和小枣树	
24	吴 然	吴然精选集：五彩路	三年级
25	叶圣陶	荷花·爬山虎的脚	
26	张秋生	铺满金色巴掌的水泥道	
27	王一梅	书本里的蚂蚁	
28	张继楼	童年七彩水墨画	

序号	作家	作品	年级
29	张之路	影子	三年级
30	曹文轩	曹文轩经典小说：芦花鞋	四年级
31	高洪波	高洪波精选集：陀螺	
32	吴然	吴然精选集：珍珠雨	
33	叶君健	海的女儿	
34	茅盾	天窗	
35	梁晓声	慈母情深	五年级
36	陈慧瑛	美丽的足迹	
37	丰子恺	沙坪小屋的鹅	
38	郭沫若	向着乐园前进	
39	叶文玲	我的"长生果"	
40	金波	金波诗歌：我们去看海	六年级
41	肖复兴	肖复兴精选集：阳光的两种用法	
42	臧克家	有的人——臧克家诗歌精粹	
43	梁衡	遥远的美丽	
44	臧克家	说和做——臧克家散文精粹	七年级
45	郭沫若	煤中炉·太阳礼赞	
46	贺敬之	回延安	八年级
47	刘成章	刘成章散文集：安塞腰鼓	
48	叶圣陶	苏州园林	
49	茅盾	白杨礼赞	
50	严文井	永久的生命	
51	吴伯箫	吴伯箫散文选：记一辆纺车	
52	梁衡	母亲石	
53	汪曾祺	昆明的雨	
54	曹文轩	曹文轩经典小说：孤独之旅	九年级
55	艾青	我爱这土地	
56	卞之琳	断章	
57	梁实秋	记梁任公先生的一次演讲	高中
58	艾青	大堰河——我的保姆	
59	郭沫若	立在地球边上放号	